LES
GRANDES DATES DU SOCIALISME

JUIN 1848

PAR

Victor MAROUCK

(Rédacteur de *L'ÉGALITÉ*)

PRIX : 2 francs

LIBRAIRIE DE POCHE

AUX

SOCIALISTES - RÉVOLUTIONNAIRES

VAINCUS AUJOURD'HUI

VAINQUEURS DEMAIN

JE DÉDIE

ce récit de la Défaite de Juin 1848

V. M.

Publications recommandées

Karl Marx. — LE CAPITAL. — (Librairie du Progrès, 11, rue Bertin-Poirée, Paris); prix : 5 fr.

Benoît Malon. — HISTOIRE DU SOCIALISME.
> CAPITAL ET TRAVAIL, par F. Lassalle, traduction par B. Malon; prix : 2 fr.
>
> LA QUINTESSENCE DU SOCIALISME, par Schœffle, traduction par B. Malon prix : 1 fr. (Librairie du Progrès.)

Jules Guesde. — ESSAI DE CATÉCHISME SOCIALISME. (Kistœmackers, éditeur. Bruxelles); prix : 1 fr.
> LA RÉPUBLIQUE ET LES GRÈVES. — LA LOI DES SALAIRES. — COLLECTIVISME ET RÉVOLUTION. — Brochures à 30 cent. l'une.

John Labusquière. — LE TIERS-ÉTAT ET LE PEUPLE OUVRIER : 10 cent.

John Labusquière et Victor Marouck. — LE FORÇAT TRINQUET : 10 cent.

Un homme du peuple. — QUESTIONS SOCIALES A LA PORTÉE DE TOUS.
> Broch. à 10 cent. — 14 sont déjà parues. (Librairie du Progrès.)

Pour paraître prochainement :

LE QUATRIÈME ÉTAT

PAR
Victor Marouck et John Labusquière
Rédacteurs de l'*Égalité*.

LES
GRANDES DATES DU SOCIALISME

JUIN 1848

PAR

Victor MAROUCK

Rédacteur de L'ÉGALITÉ

PARIS
LIBRAIRIE DU PROGRÈS
11, rue Bertin-Poirée, 11

1880

Les Grandes Dates du Socialisme.

JUIN 1848

« Du pain ou du plomb! »

Il a toujours existé une classe d'affamés. Le prolétaire n'a jamais mangé assez pour réparer ses forces usées par de durs travaux manuels, assez pour résister à ses fatigues. Il meurt de faim, à la lettre. Certes, peu de pauvres diables tombent au coin d'une borne et meurent là. La faim procède plus discrètement. Elle tue son homme chaque jour un peu. L'insuffisance d'aliments, la mauvaise qualité de ceux qu'il peut se procurer ont vite raison du travailleur. Il meurt misérable, à bout de forces, prématurément vieilli.

Mais il est des moments où même les quelques bouchées qui le soutenaient viennent à manquer au prolétaire. Plus de travail, plus de maigre pitance. Alors c'en est trop, vraiment. L'ouvrier prend un fusil et monte sur la barricade. C'est une violente mise à l'ordre du jour de la question sociale, jésuitiquement niée par les républicains bourgeois. Et l'insurrection est terrible, parce que l'insurgé a fait d'avance le sacrifice de sa vie et se bat en désespéré.

Juin 1848 est une insurrection de la faim. Nous allons raconter cette insurrection préparée par des gouvernants incapables et traîtres, provoquée par les excitations réactionnaires, voulue par l'ambition d'un Cavaignac et de sa coterie. Nous montrerons l'Assemblée nationale aplatie sous le sabre dudit Cavaignac; la Montagne terrorisée, oublieuse de son devoir, laissant massacrer le peuple.

L'héroïsme, la générosité, souvent outrée, de l'insurrection; la cruauté, la sauvagerie affolée de la répression sont le caractère dominant de ces terribles journées. D'ailleurs, n'en fût-il pas de même dans toutes les luttes de la bourgeoisie et du prolétariat!

Le prolétaire, toujours vaincu, hélas! n'en est pas quitte pour la fusillade et la transportation. Il est encore calomnié. Nous ferons justice des calomnies atrocement niaises lancées contre les insurgés de Juin 1848.

De nombreux rapprochements seraient faciles à établir entre les journées de Juin 1848 et les journées de Mai 1871. Mais, à cet endroit, la plus grande réserve nous est commandée. Dire *tout* ce que nous pensons de mai 1871 est impossible. Les vainqueurs ne le permettraient pas.

I

LE PEUPLE ET LE GOUVERNEMENT PROVISOIRE

En faisant les barricades de février, le peuple n'avait pas voulu seulement jeter bas la royauté. Il s'était aussi battu pour fonder la République démocratique et sociale.

Le 25 février, une heure à peine après la fameuse scène du drapeau rouge, si bien jouée par ce comédien de Lamartine, une imposante manifestation vint à l'Hôtel de Ville réclamer des garanties de réforme sociale. L'ouvrier Marche somma le gouvernement provisoire de reconnaître et de proclamer le droit au travail. Et comme Lamartine essayait de l'enjôler avec de belles phrases sonores : « Assez de phrases comme cela, assez de poésie ! » Mais le poëte poursuivit, et Marche, obsédé, s'écria : « Le peuple attendra ; il met trois mois de misère au service de la République. » Sublimité un peu naïve : Ces trois mois de misère devaient, en réalité, profiter à la réaction.

Cependant un décret était rendu :

« Le gouvernement provisoire de la République française s'engage à garantir l'existence de l'ouvrier par le travail; il s'engage à garantir du travail à tous les citoyens; il reconnaît que les ouvriers doivent s'associer entre eux pour jouir du bénéfice légitime de leur travail; le gouvernement provisoire rend aux ouvriers, auxquels il appartient, le million qui va échoir de la liste civile. »

La dernière phrase, ajoutée, dit-on, par Ledru-Rollin, prouve combien peu les gouvernants connaissaient les ouvriers. Ces derniers n'étaient pas venus demander l'aumône.

Ce décret ne fut jamais pris au sérieux par ses signataires qui avaient surtout songé à se tirer d'un mauvais pas. Rester au pouvoir, tout était là. Pour cela, ils ne craignaient point de faire au peuple des promesses mensongères.

« Le caractère de ce gouvernement qui débu-
« tait par une affirmation de la légitimité du so-
« cialisme allait être une réaction à outrance con-
« tre le socialisme. Si le peuple était égaré, la
« responsabilité de son erreur doit retomber tout
« entière sur ceux qui avaient mission de l'éclai-
« rer et qui ne surent que flatter son ignorance
« pour se tourner ensuite contre lui avec un
« acharnement implacable. C'est une tache indé-
« lébile qui restera dans l'histoire au front des
« membres du gouvernement provisoire et qui
« attestera, à tout le moins, leur incapacité et leur
« faiblesse sans excuse. » (1)

---

(1) *Les Hommes* de 1848 par A. Vermorel. Ce pauvre et vaillant Vermorel, pour avoir dans ses deux excellents ivres : *les Hommes de 1848, les Hommes de 1851*, rétabli la

Le gouvernement provisoire, composé de politiciens vaniteux, trembleurs, incapables et traîtres, n'était pas de taille à garder intact le dépôt que lui avait remis un peuple trop confiant. Ces eunuques ne pouvaient féconder la Révolution.

Le 28 février, les divers corps d'état, environ 12,000 hommes, se rendirent à l'Hôtel de Ville pour réclamer un ministère du Progrès, chargé d'étudier l'organisation du travail. Devant cette nouvelle manifestation, le gouvernement céda à contre-cœur. Le lendemain parut un décret reconnaissant, une seconde fois, à la Révolution le but social que le peuple prétendait lui assigner :

« Considérant que la Révolution faite par le peuple doit être faite pour lui; qu'il est temps de mettre un terme aux longues et iniques souffrances des travailleurs; que la question du travail est d'une importance suprême; qu'il n'en est pas de plus haute, de plus digne des préoccupations d'un gouvernement républicain; qu'il appartient surtout à la France d'étudier ardemment et de résoudre un problème posé aujourd'hui chez toutes les nations industrielles de l'Europe; qu'il faut aviser sans le moindre retard à garantir au peuple les fruits légitimes de son travail;

« Le gouvernement provisoire de la République.

« Arrête :

« Une commission permanente qui s'appellera

---

vérité sur les chefs de la démocratie bourgeoise, a été indignement calomnié par eux. Ce remarquable écrivain aurait été un mouchard. Singulier mouchard qui a su mourir pour ses idées !

Commission du gouvernement pour les travailleurs, va être nommée avec mission expresse et spéciale de s'occuper de leur sort. »

Louis Blanc était nommé président, Albert vice-président de cette commission. Ni ressources administratives ni budget ne leur étaient assignés. *Le ministère du Progrès* était voué à l'échec, ce qui était le secret désir du gouvernement provisoire. Malgré les difficultés suscitées par ses collègues, M. Louis Blanc pouvait agir encore. Etudier et arrêter un programme nettement formulé et l'imposer au gouvernement était l'œuvre à accomplir. Mais Louis Blanc n'était pas homme à agir révolutionnairement. Il n'avait vu d'ailleurs du socialisme que le côté sentimental et manquait d'esprit scientifique. On ne fit au Luxembourg que des conférences vaines et stériles.

II

LES ATELIERS NATIONAUX

On le voit, tous les efforts du peuple pour arriver à une amélioration réelle de sa condition morale et matérielle avaient été traîtreusement détournés. Il n'avait obtenu que des décrets pompeux et mensongers. Mais le gouvernement provisoire, dans son décret du 25 février, *garantissait l'existence de l'ouvrier par le travail*, et s'était ainsi engagé à venir en aide au travailleur sans ouvrage. De là l'institution des ateliers nationaux par un décret du 27 février. Les cahiers de 1789 demandaient déjà la création d'*ateliers provinciaux, nationaux* où l'ouvrier trouverait du travail assuré pendant le chômage. Le gouvernement provisoire n'allait faire sortir de cette idée qu'une insurrection.

Le 28 février, Marie, ministre des travaux publics, informait les ouvriers sans travail qu' « à partir du mercredi 1er mars, des travaux importants seront organisés sur divers points. Tous les ouvriers qui voudront y prendre part devront s'adresser à l'un des maires de Paris, qui recevront leurs demandes et les dirigeront sans retard vers les chantiers. »

Les travaux à exécuter étant peu nombreux et le nombre des demandes augmentant sans cesse, les maires ne purent plus distribuer de travail. On en vint à donner un franc cinquante centimes par jour aux ouvriers qui ne trouvaient plus de place dans les ateliers.

La création des ateliers nationaux que M. Marie, dans sa déposition à l'enquête Quentin-Bauchart, appela *l'organisation de l'aumône*, était un fatal expédient. Le gouvernement provisoire ne pouvait mieux avouer son impuissance. Le premier résultat de cette mesure aurait dû être de démoraliser le travailleur et de l'habituer à l'aumône. Mais, avec le peuple parisien, pareille chose n'était pas à craindre. Le premier, il se plaignit de l'odieuse situation qui lui était faite et qu'il était bien obligé de subir. La faim le jetait aux ateliers nationaux.

Cependant, un ingénieur, M. Emile Thomas, proposait à MM. Marie et Garnier-Pagès un projet de centralisation et d'organisation semi-militaire des ateliers nationaux. Lieutenants, brigadiers, chefs d'escouade, étendards, drapeaux et guidons, rien n'y manquait.

Ce projet fut adopté. M. Emile Thomas, avec le titre de commissaire extraordinaire, devint directeur des ateliers nationaux.

Les salaires furent réglés ainsi :

Jours de travail :
Brigadiers, 3 fr.; chefs d'escouade, 2 fr. 50.
Travailleurs, 2 fr.
Jours d'inactivité :
Brigadiers, 3 fr.; chefs d'escouade, 1 fr. 50.
Travailleurs, 1 fr. (1).

Cet embrigadement des travailleurs, dans la pensée du gouvernement provisoire, était destiné à servir ses visées contre-révolutionnaires. C'était une armée prétorienne qu'il croyait enrôler à son service. Du même coup, l'on discréditait le socialisme et l'on créait un antagonisme entre les prolétaires.— « Attachez-vous sincèrement les ouvriers, disait M. Marie à M. Emile Thomas, et ne ménagez pas l'argent. Le jour n'est peut-être pas loin où il faudra les faire descendre dans la

---

(1) Emile THOMAS, *Histoire des ateliers nationaux.*

rue. » (1) Et M. Emile Thomas, dans sa déposition à l'enquête Quentin-Bauchart :

« J'ai toujours marché avec la mairie de Paris contre l'influence de MM. Ledru-Rollin, Flocon et autres. J'étais en hostilité ouverte avec le Luxembourg. »

Enfin, M. Marie, dans son compte rendu à l'Assemblée nationale :

« Et puis, citoyens, ne vous y trompez pas, *ce ne sont pas des ateliers, c'est une armée de travailleurs* que successivement nous avons vue se lever et grandir; . . . . elle a pris part à toutes les élections, et partout et toujours, elle s'est montrée paisible, amie de l'ordre, patiente, résignée. »

Les embrigadements allaient vite dans cette « armée ».

Du 9 au 15 mars	5.100
— 16 au 31 —	23.250
— 1ᵉʳ au 15 avril	36.520
— 16 au 30 —	34.530
— 1ᵉʳ au 15 mai	13.610
— 16 au 31 —	3.100
— 1ᵉʳ au 15 juin	1.200
	117.310 ouvriers (2)

---

(1) Charles Robin, *Histoire de la Révolution de 1848.*
(2) *Rapport de la Commission d'enquête*, t. II, p. 136.

La dépense du premier mois se chiffra par 1,400,000 francs. Pour réduire les frais, on abaissa à un franc par jour la paye des travailleurs sans ouvrage.

III

LE 17 MARS. — LE 15 MAI. — ROUEN.

Dès le 17 mars, le gouvernement provisoire avait donné des preuves évidentes de son esprit de réaction. C'était le lendemain de la ridicule manifestation des *bonnets à poil*. Les ouvriers des ateliers nationaux et ceux des autres ateliers se dirigeaient, le long des quais, vers l'Hôtel de Ville. Ces hommes, au nombre de 200,000 environ, marchaient dans l'ordre le plus parfait. Des avis envoyés des clubs, le 16 au soir, les avaient réunis. Blanqui avait déjà demandé deux fois, au nom du *club républicain central*, l'ajournement des élections. La manifestation de la garde nationale vint fournir l'occasion d'une démarche dans ce but. On devait, en outre, inviter le gouvernement à aller de l'avant, et, s'il refusait, remplacer plusieurs de ses membres par des hommes décidés à agir.

A deux heures, une députation fut reçue à l'Hôtel de Ville. L'ouvrier Gérard demanda l'ajournement des élections et l'éloignement des troupes de Paris. Louis Blanc conseilla aux manifestants de se retirer. Ce gouvernant a raconté que, *pour prévenir la manifestation*, il avait fait d'avance ajourner les élections. « J'avais peine à croire, a-t-il dit, que plus de 150,000 ouvriers traversassent tout Paris sans y causer la moindre agitation, sans y donner lieu au moindre désordre (1) ».

Mais le peuple voulait surtout modifier la composition du gouvernement provisoire. Louis Blanc, ce révolutionnaire de la veille, était devenu fanatique de l'autorité, depuis qu'il faisait partie lui-même du gouvernement. Il défendit les hommes de l'Hôtel de Ville dont il désapprouvait la mollesse et l'inertie. Et puis, les manifestants l'avaient quelque peu effrayé. « J'aperçus parmi les assis-« tants des figures inconnues dont l'expression « avait quelque chose de sinistre (2) ». Ces inconnus à *quelque chose de sinistre* étaient évidemment adorables en Février, alors qu'en se battant ils donnaient le pouvoir à M. Louis Blanc.

Barbès, aveuglé par sa manie de rivalité mesquine contre Blanqui, se constitua, lui aussi, le défenseur de l'ordre (3). Le peuple, trompé, se retira comme il était venu. Les efforts et l'énergie de Blanqui n'y purent rien.

Comme les manifestants se retiraient, un homme

---

(1) *Pages d'histoire de la Révolution de Février.*
(2) Id.
(3) M. Barbès avait été nommé gouverneur du Luxembourg.

du peuple saisit M. Louis Blanc par le bras et lui cria : « Tu es donc un traître, toi aussi ! » M. Louis Blanc « ne put se défendre d'un sourire amer » (1). L'histoire, qui ne recule pas devant les mots, sera de l'avis de cet homme du peuple.

Après le 17 mars, la réaction, confiante en le gouvernement, marche à pas accélérés. A l'encontre de la promesse faite au peuple, des troupes sont, en secret, rappelées dans Paris. La garde mobile a été organisée. Blanqui est le plus clairvoyant des chefs du peuple. On essaye de le perdre par une lâche calomnie. La *Revue rétrospective* publie le fameux document Taschereau.

Le dimanche 16 avril, les ouvriers réunis au Champ de Mars, pour élire des officiers de la garde nationale, font une collecte et veulent en apporter le produit au gouvernement. Ils veulent aussi rappeler à ce gouvernement que les réformes sociales doivent, avant tout, le préoccuper. Mais le rappel est battu par l'ordre de M. Ledru-Rollin, et les ouvriers étonnés ne parviennent à l'Hôtel-de-Ville qu'à travers 100,000 baïonnettes. Les cris, les provocations ne les font point se départir de leur silence et de leur ordre admirable. Les corporations et les clubs défilent entre deux rangées de gardes nationaux. Barbès, à la tête de la 12e légion, n'avait pas manqué de venir prêter son appui au gouvernement.

Le soir, la garde nationale parcourut les rues,

---

(1) Louis BLANC : *Pages d'histoire.*

aux cris de : « A bas les communistes ! mort à Blanqui ! mort à Cabet ! » La maison de Cabet fut envahie. Le lendemain, la garde nationale se rendit au ministère de la justice et demanda le rappel des troupes. M. Crémieux promit que le gouvernement se rendrait *aux vœux du peuple*. Le tour était joué. La Fête de la Fraternité vint rapprocher la bourgeoisie et l'armée. « Blanqui prédit alors « que le fruit de cette fraternité de la bourgeoisie « et de l'armée serait une Saint-Barthélemy de « prolétaires, prophétie qui s'accomplit deux mois « plus tard. » (1).

Les élections, qui eurent lieu en pleine réaction, furent détestables. L'Assemblée constituante fut, dès le premier jour, ouvertement réactrice.

Le 15 mai, cette Assemblée avait à son ordre du jour l'interpellation de M. d'Aragon au sujet de la Pologne. La Pologne passionnait fort le peuple, à ce moment. Les clubs avaient organisé une démonstration. Il s'agissait de demander à l'Assemblée l'intervention en faveur de la Pologne. Ce mouvement fut tout spontané. Les chefs de clubs ne purent l'empêcher.

M. Woloswki était à la tribune, quand, dit le *Moniteur* « une rumeur terrible interrompt l'ora- « teur; le peuple envahit la salle. » Il est avéré que les manifestants ne voulaient point user de violence. On bat cependant le rappel. Le président Buchez, affolé de peur, laisse l'Assemblée sans di-

---

(1) Louis MÉNARD. *Prologue d'une révolution*.

rection. Des menaces s'échangent entre les représentants et les chefs de clubs.

Raspail lit à la tribune la pétition des clubs demandant l'intervention immédiate en faveur de la Pologne. M. Buchez prie les pétitionnaires de laisser délibérer l'Assemblée. Le peuple exige une décision sur-le-champ.

Blanqui, dans un discours net et vigoureux, parle des vœux du peuple pour la Pologne. Il arrive à la question sociale. « Parlez-nous de la Pologne » lui crie-t-on. C'était bien pour la Pologne seulement que se faisait la manifestation.

Sur les conseils de Ledru-Rollin, de Raspail, le peuple allait se retirer, quand M. Huber, au milieu du tumulte, « au nom du peuple trompé par ses représentants, déclare l'Assemblée dissoute. » M. Buchez est chassé de son fauteuil. Des listes d'un nouveau gouvernement sont proposées. C'est à ce moment que Barbès, dans la crainte de voir Blanqui s'emparer du mouvement, se mit à proposer son fameux impôt d'un milliard sur les riches. Quelques moments après la foule disparaissait. Ce fut là le célèbre attentat du 15 mai.

Les réacteurs n'allaient pas laisser échapper une si belle occasion d'arrêter et d'emprisonner. Blanqui, Raspail, Sobrier, Barbès, Albert furent enfermés au donjon de Vincennes. On calomnia ce peuple qu'on avait tant adulé en Février. Le compte rendu de la séance du 15, cyniquement faussé, prêta ces paroles à *plusieurs membres des clubs* interrompant Barbès : « Non, non, Barbès, ce n'est pas ça, tu te trompes, deux heures de pillage! » Ce faux, avoué plus tard par celui qui l'avait commis, un M. Cruveilhier, secrétaire de M. Buchez, fit vite son chemin dans la bourgeoisie. C'est par ces procédés infâmes que l'on rendait le socialisme odieux aux ignorants et aux trembleurs. Les bourgeois imbéciles vécurent dans la crainte du pillage. Leur haine et leurs terreurs amassées allaient bientôt faire explosion et se traduire, aux journées de Juin, par une fureur de cannibales, contre les vaincus.

Déjà, à Rouen, la bourgeoisie avait préludé à la grande tuerie de Juin. Les ouvriers de cette ville s'étaient vu refuser le fusil du garde national et menacés de la fermeture des ateliers nationaux. Ces ouvriers — *sans armes* — furent un jour lâchement attaqués par les gardes nationaux bourgeois, et cent des leurs furent massacrés par ces vaillants ennemis qui, eux, n'eurent ni tués, ni blessés.

IV

« IL FAUT EN FINIR. »

L'assemblée réunie, le gouvernement crut pouvoir se passer des services qu'il attendait des ateliers nationaux. D'ailleurs, peu à peu, les embrigadements nouveaux avaient singulièrement changé de caractère. Certes, c'était là une *armée*, mais une armée prête à marcher contre ceux qui l'avaient créée. Elle obéit à des chefs élus, qui, comme elle, sont acquis au socialisme. Les ateliers nationaux dont on a voulu faire un instrument de réaction, deviennent subitement un grand embarras pour la contre-révolution. Dès lors leur dissolution est résolue.

Le 15 mai, M. Trélat, successeur de M. Marie, avait institué une commission chargée de lui faire un rapport sur les ateliers nationaux.

Le 20 mai, 1,200 exemplaires de ce rapport allaient être distribués; la commission exécutive en défend la distribution. Une reconnaissance indirecte du droit au travail était contenue dans le rapport; et, pour conserver l'appui des royalistes de l'Assemblée, la commission exécutive ne voulait pas en entendre parler. Trois mois à peine après le décret du 25 février !

Le 25 mai, un arrêté prescrivait l'enrôlement des ouvriers célibataires de 17 à 25 ans. Ceux qui refuseraient de prendre des engagements seraient rayés des listes des ateliers nationaux. La servitude militaire ou la faim !

Le travail à la tâche était substitué au travail à la journée et les ouvriers étaient tenus de se mettre à la disposition des patrons qui les réclameraient, pour dix francs par semaine. Quelle singulière façon d'entendre la liberté du travail !

Les ouvriers étaient en outre prévenus que la

plupart d'entre eux seraient envoyés en province pour y faire des travaux de terrassement.

Comme M. Emile Thomas protestait contre ces mesures, il fut enlevé et transporté à Bordeaux. C'était la résurrection des lettres de cachet.

Cependant la commission, reconstituée par M. Trélat, était d'avis d'accorder des encouragements aux associations ouvrières, d'entreprendre la colonisation de l'Algérie, d'organiser un système de caisses de retraites et d'assurances, de reviser la loi des prud'hommes. Des avances sur les salaires et des commandes directes devaient être faites aux commerçants et industriels. On leur accorderait des primes à l'exportation et une garantie sur certains objets manufacturés. Dépense totale, 200 millions.

200 millions pour éviter une guerre civile! L'Assemblée réactionnaire n'entendait pas de cette oreille. Ses commissions refusent. Trois millions et la dissolution immédiate, voilà ce qu'elles proposent.

Mais les calomnies de la presse de réaction, qui, depuis deux mois, poursuivaient les ouvriers, s'avivent alors de plus belle. Le *Constitutionnel*, l'*Assemblée nationale*, le *Siècle* se font remarquer par leur fureur dans ce concert d'invectives et de mensonges. A la tribune, les ouvriers sont traités de *fainéants*, de *forçats* et de *voleurs*. Les gouvernants semblent atteints d'une sorte de rage; un membre de la commission exécutive répondait aux délégués de la ville de Nantes, qui demandaient un emprunt pour payer les ouvriers des ateliers nationaux : « Si vous ne pouvez pas en sortir, faites ce que nous allons faire ici, tirez des coups de fusil. » (1)

« *Il faut en finir* » devint le mot favori de tous les contre-révolutionnaires. La Commission exécutive comptait « en finir » avec le socialisme. Les monarchistes voulaient « en finir » avec la République. Une insurrection dont la répression atteindrait tous les républicains actifs, compromis ou non, semblait aux de Falloux et aux de Montalembert un moyen sûr de hâter une restauration monarchique. Les membres de la Commission exécutive, pour garder le pouvoir, n'hésitèrent pas à servir ces horribles menées.

L'agitation allait croissant dans Paris. Le 19 et le 20 juin, on arrêtait de nombreux manifestants. « Le nombre de ces arrestations s'élevait à plus de 200 par soirée. » (2)

Le bruit de la dissolution immédiate court tout à coup dans Paris. Le vote de l'Assemblée n'avait pas eu lieu; mais M. de Falloux avait hâte d'en finir.

Le *Moniteur* du 21 juin ordonne de commencer l'opération des enrôlements. Le même jour, des détachements d'ouvriers seraient dirigés sur la Sologne et plusieurs départements. Ce même 21 juin, M. Lalanne, le successeur de M. Emile

---

(1) Louis MÉNARD. *Prologue d'une Révolution*, p. 195.
(2) H. CASTILLE. *Histoire de la seconde République*, t. III, p. 87.

Thomas, supprime le secours des bureaux, augmente de 50 pour cent le prix des produits des ateliers de cordonniers et tailleurs, avec effet rétroactif. Les chefs d'arrondissement ont à faire cesser les travaux dans leurs chantiers.

L'insurrection, provoquée par ces mesures, ne pouvait manquer d'éclater. A l'enrôlement forcé, c'est-à-dire à l'esclavage, à l'exil en province, à la famine, les ouvriers préféraient la bataille. Ils prirent rendez-vous pour le lendemain 22, à neuf heures du matin, place du Panthéon.

Le jeudi 22, cent dix-sept mille ouvriers, brusquement jetés sur le pavé, parcourent les rues, drapeaux en tête. « On ne part pas, on ne part pas, on ne part pas ! à bas Thiers ! à bas Marie ! à bas Lamartine ! » sont les cris poussés par les manifestants.

Une députation de délégués et de chefs de brigade des ateliers nationaux se rend au Luxembourg où siégeait la Commission exécutive. Huit d'entre eux seulement sont reçus. Pujol, lieutenant des ateliers nationaux, s'adresse à M. Marie, avec calme et dignité. Au nom des promesses solennelles faites au peuple, il proteste contre les décrets. M. Marie répond que le gouvernement ne cédera pas et que les décrets seront exécutés sans retard. Et comme Pujol lui répliquait courageusement et ne laissait point parler les autres délégués : — « Pourquoi ne vous expliquez-vous pas vous mêmes ? Etes-vous les esclaves de cet homme ? »

On se retira en échangeant des menaces de part

et d'autre. Le mot d'*esclaves* indigna profondément les ouvriers.

Pujol revint à la place Saint-Sulpice et raconta ce qui s'était passé. « Voyant qu'il leur fallait, sous peine de mort, subir la condition des forçats, les ouvriers se rappelèrent l'héroïque devise du peuple de Lyon : « Vivre en travaillant ou mourir en combattant. » (2)

Le soir on se réunit, place du Panthéon, au nombre de cinq mille, à sept heures; les manifestants, à dix heures, étaient innombrables. Ils se retirèrent après avoir décidé d'élever des barricades le lendemain au matin.

V

LA BATAILLE. — PREMIÈRE JOURNÉE

Dans la nuit du 22 au 23, ordre fut donné au préfet de police d'arrêter immédiatement les cinquante-six délégués des ateliers nationaux du 12ᵉ arrondissement. Cet ordre ne put être exécuté; et Pujol, qui était un de ces délégués, se trouvait, le 23, à six heures du matin, à la place du Panthéon. Près de sept mille ouvriers l'y attendaient. Pujol les entraîne à la Bastille. Là, tête nue, ils entourent la colonne de Juillet; Pujol

(2) Louis MÉNARD, p. 203.

monte sur le piédestal et s'écrie : « La Révolution est à recommencer. Amis, notre cause est celle de nos pères : la liberté ou la mort ! »

Après cette solennelle évocation, la foule prend par les boulevards. A la hauteur de la porte Saint-Denis elle s'arrête, et construit des barricades boulevard Bonne-Nouvelle et à l'entrée des rues Mazagran et de Cléry. Au même moment, le faubourg Saint-Martin, le faubourg Saint-Denis, le faubourg Poissonnière, le faubourg Saint-Antoine, le Marais se hérissent de barricades. Sur la rive gauche, les ouvriers sont maîtres du Panthéon, du faubourg Saint-Jacques, de la Cité. A onze heures, le rappel bat pour la première fois. Mais les gardes nationaux, comprenant qu'il ne s'agissait plus de hurler après le socialisme, comme au 16 avril, montrent peu d'enthousiasme. Ils se lèvent en petit nombre; et ceux d'entre eux qui appartiennent à la classe ouvrière font cause commune avec l'insurrection.

La moitié de Paris, sans résistance aucune, est au pouvoir du peuple. Certes, ces meurt-de-faim que les proclamations officielles allaient bientôt traiter de pillards et d'incendiaires, avaient beau jeu pour assouvir leurs horribles passions. Plus de force armée... quelles saturnales. Oui ! ces misérables écrivent sur les boutiques fermées : « Respect aux propriétés, mort aux voleurs ! » A la barricade Saint-Antoine, ils protègent l'octroi. A la barrière Culture-Sainte-Catherine, un insurgé ivre s'écrie : « Incendions ! » les autres le conduisent au poste des pompiers. Rue Saint-Martin, une seule boutique est restée ouverte, étalant ses bijoux et ses pierreries, la boutique d'un bijoutier. Les insurgés enfoncent, à côté, le magasin d'un marchand de fer. Enfin, sur la plupart de leurs drapeaux, on lit : Du travail et du pain! » Du travail et du pain! ah! comme on allait fusiller tous ces brigands !

Cependant les intrigues allaient bon train dans les régions du pouvoir. La réunion dite du Palais-National tramait la dictature du général Cavaignac. Dès le 14 juin la rupture était complète entre cette réunion et la Commission exécutive. Le 22, à six heures du soir, MM. Ducoux, Latrade et Landrin, délégués du Palais-National, s'étaient rendus auprès de Cavaignac. Ce dernier voulait bien accepter le pouvoir, si la Commission exécutive se retirait. Il ne s'agissait plus que de renverser cette Commission, et la guerre civile, près d'éclater, allait en fournir l'occasion. Dans la nuit du 22 au 23, M. Martin (de Strasbourg) alla au Luxembourg demander à la Commission exécutive d'abandonner le pouvoir. La Commission refusa, mais M. Martin obtint, pour le général Cavaignac, le commandement de l'armée, de la garde mobile, de la garde nationale. La Commission s'était donné un maître.

Dans la nuit du 22 au 23, deux ordres enjoignaient au ministre de la guerre Cavaignac de faire occuper la place du Panthéon à cinq heures du matin. On l'a vu, ces ordres ne furent pas exécutés, et les insurgés avaient librement occupé ce point. Il était dans les vues de M. Cavaignac de laisser l'insurrection se développer. Ne fallait-il pas que la Commission fût jugée impuissante à soutenir la lutte et que lui-même apparût comme le sauveur? De son côté, la Commission désirait une insurrection de courte durée. Elle voulait sauver la société à peu de frais et retenir ainsi le pouvoir qui lui échappait. Comment ne pas vouer à l'exécration publique la mémoire de ces hommes qui tablaient cyniquement sur la guerre civile, les uns pour saisir le pouvoir, les autres pour le conserver?

Dans le conseil du gouvernement réuni à huit heures du matin, ces infâmes préoccupations s'étalèrent sans pudeur. Le ministre de l'intérieur Recurt s'étant écrié : « On peut encore tout arrêter! » Cavaignac s'indigna contre cette idée. M. Clément Thomas (1), général de la garde nationale, se montra, lui aussi, impitoyable. « C'est donc une bataille que l'on veut, répondit « M. Recurt, c'est insensé ! »

On discuta le plan de bataille. Plusieurs membres de la Commission voulaient étouffer l'insurrection, en détruisant une à une les barricades, et disséminer les troupes. Mais ce ne fut point l'avis du

---

(1) M. Clément Thomas, ancien gérant du *National*, ex-maréchal des logis, alors général, fut en juin 48 un des plus acharnés contre le peuple. On n'a pas oublié que M. Clément Thomas fut exécuté, à Montmartre, le 18 mars 1871.

général Cavaignac. Il était, avant tout, un *soldat* (2). Les considérations d'humanité n'avaient pas de prise sur cette cervelle de caporal. Il ne voulut pas démordre de son système de concentration. « L'expérience de juillet 1830 et de février 1848, « a-t-il dit à la commission d'enquête, lui dé- « montrait la nécessité de ne pas engager les troupes « dans les rues, et de réunir les corps en nombre « suffisant pour que l'insurrection fût toujours « forcée de céder devant eux. » — « Si une de mes compagnies était désarmée, disait-il dans le conseil, à MM. Ledru-Rollin, Arago et Garnier-Pagès, je me brûlerais la cervelle. Que la garde nationale attaque les barricades, c'est son affaire. Est-ce que je suis ici pour défendre les Parisiens, la garde nationale ? qu'elle défende sa ville et ses boutiques ! Si elle est battue, j'aime mieux me retirer dans la plaine Saint-Denis où je livrerai bataille à l'émeute. »

Qu'importait au général Cavaignac si son plan allait faire couler le sang à flots, si Paris allait être bombardé ? L'honneur de l'armée serait sauf, du moins. Et c'est là cette brute dont on a voulu faire une sorte de Washington français !

Cavaignac l'emporta sur la Commission, trop faible pour lui résister. La garde de l'Assemblée fut donnée au général Foucher; le général Grouchy, avec une brigade de cavalerie, devait occu-

---

(2) Appelé au ministère de la guerre, M. Cavaignac n'accepta qu'à la condition de ne pas avoir à *sacrifier ses convictions de soldat !*

per les boulevards des Italiens et Montmartre. Le général Lamoricière, avec sa division, devait couvrir les faubourgs de la rive droite, de la Madeleine au Château-d'Eau. La première division, donnée au général Bedeau, allait se porter à l'Hôtel de Ville. Dumesnil eut la rive gauche et le Luxembourg.

Au 22 juin, vingt-cinq mille hommes de troupes étaient à Paris ou dans la banlieue. La garde mobile comptait quinze mille hommes et la garde républicaine deux mille six cents. Ces deux corps étaient suspects au pouvoir et à la garde nationale. Les gardes mobiles prouvèrent que cette suspicion était bien imméritée. Dès le premier jour ils furent d'une férocité inouïe. C'étaient des gens sans aveu, l'*écume de Paris* (1). Leur solde prétorienne de 30 sous par jour expliquait, selon le préfet de police Ducoux, le débordement de la prostitution. La garde républicaine, depuis la démission de Caussidière, avait été réorganisée et les Montagnards en avaient été exclus. Malgré cela on ne la fit marcher qu'en la trompant. On lui représentait l'insurrection comme étant dirigée contre la République. Beaucoup d'officiers et de soldats allèrent néanmoins avec le peuple. Toutes ces troupes, près de 43,000 hommes, restèrent inactives jusqu'au milieu de la Journée du 23. Cavaignac n'était pas encore dictateur et avait tout intérêt à ne pas précipiter la répression.

Le premier combat entre le peuple et la garde

---

(1) CASTILLE.

nationale eut lieu à la porte Saint-Denis. Un détachement de gardes nationaux descendait les boulevards, suivant les tambours qui battaient le rappel. Ils se voient tout à coup en face d'une barricade. Ils tirent les premiers, avant les sommations. Les insurgés ripostent et les assaillants s'enfuient. Mais survient un bataillon de la 2ᵉ légion et une compagnie de la 3ᵉ. Le chef des insurgés, qui, le drapeau à la main, commandait le feu, tombe frappé d'une balle. Une jeune femme saisit le drapeau; elle tombe aussi. Une autre femme reçoit son cadavre d'une main et jette de l'autre des pierres aux gardes nationaux. Une décharge la foudroie. La barricade fut prise après trois quarts d'heure de lutte. A deux heures, le général Lamoricière passa, amenant le 11ᵉ léger, deux bataillons de la garde mobile, des bataillons de la 2ᵉ légion, un escadron de lanciers et une batterie d'artillerie.

Sur la rive gauche, le maire du 12ᵉ arrondissement avait fait battre le rappel. Une trentaine d'hommes seulement s'étaient levés; le maire, M. Pinel-Grandchamps, médecin très populaire, avait, par ses conseils, fait abandonner deux barricades par les insurgés aux abords de la mairie. Comme il parlementait avec le peuple, un détachement envoyé du Luxembourg par M. Arago arriva devant la barricade. C'étaient des soldats du 73ᵉ, des dragons et un bataillon de la 11ᵉ légion commandé par M. Edgar Quinet. M. Pinel-Grandchamps parvint à les éloigner. M. Arago, furieux de voir ses ordres inexécutés, courut lui-même au Panthéon, à la tête d'une colonne. Ce vieillard brûlait de verser le sang.

A la rue Soufflot, M. Arago est arrêté par une barricade. Une altercation s'élève entre ce gouvernant et les insurgés. M. Arago demande à ces affamés pourquoi « ils se battaient contre la République ». Pourquoi se montraient-ils aux barricades ? « Nous en avons fait ensemble à Saint-Merry, réplique un vieil insurgé. » M. Arago poursuit. « Vous n'avez pas le droit de parler, vous n'avez jamais eu faim, vous ne savez pas ce que c'est que la misère ! » lui crie-t-on. M. Arago se retira. Après les trois sommations, la barricade fut attaquée et prise. A la place Cambrai, nouvelle barricade. Cette fois, M. Arago fit donner le canon. De même à la barricade de la rue Neuve-des-Mathurins. Au moment où le canon allait faire brèche, les ouvriers se retirèrent. Seul, le chef, un Espagnol, ne voulut pas fuir. « Rendez-vous ! » Il refusa et tomba sous les balles.

Le général Damesme étant arrivé, M. Arago retourna au Luxembourg.

A une heure, l'Assemblée était entrée en séance.

Elle allait donner l'écœurant spectacle que nous avons revu depuis. Sa peur et sa haine du peuple s'étalèrent sans retenue. Les représentants n'étaient plus qu'un troupeau affolé mené par quelques ambitieux féroces.

Le ministre Flocon monte à la tribune et déclare gravement que l'insurrection est soudoyée par les monarchistes et par l'étranger. Assertion inepte et pure calomnie. Des meneurs avaient, sans doute, les premiers jours, essayé de diriger le mouvement au profit de divers prétendants. On avait entendu plusieurs cris de « Vive Napoléon, vive Henri V ! » Mais cette tentative avait piteusement échoué, et les agents monarchistes disparurent au moment de la bataille. L'insurrection finie, il fut prouvé que les groups d'or anglais et russe arrivés à Paris étaient destinés au commerce (1). Non, les insurgés n'étaient ni soudoyés ni égarés. Ils étaient sur le pavé, sans pain et sans travail, et se battaient pour le premier des droits, le droit à la vie.

M. de Falloux demande à lire le rapport de la Commission des ateliers nationaux. Le moment était bien choisi ! L'Assemblée déclare qu'il y a *opportunité*, et M. de Falloux lit son rapport concluant à la dissolution, sous trois jours, des ateliers nationaux. Trois millions de secours à domicile étaient généreusement octroyés au peuple. C'était dire aux insurgés qu'ils n'avaient plus rien à espérer. A cette nouvelle, ils firent le serment de ne plus désarmer.

Le général Cavaignac vient faire l'éloge de la garde nationale, de la garde mobile et de l'armée. M. Garnier-Pagès lui succède, et ce grotesque se montre enragé : « Il faut en finir avec les agita-

---

(1) Déposition de M. Magnier, directeur général des Messageries nationales. (Rapport de la Commssion d'enquête, I, 317.)

teurs, s'écrie-t-il. Toutes les mesures sont prises; et ces mesures, c'est le canon ! »

Et l'Assemblée d'applaudir ces paroles de fou furieux. L'exaltation est à son comble. M. Bonjean est prêt à mourir pour l'ordre (1). M. Considérant propose à l'Assemblée d'adresser une proclamation aux insurgés. Il demande au président Sénard de nommer les membres chargés de la rédiger. Le Sénard (2) « décline l'honneur de toute désignation de membres qui *pactiseraient avec l'émeute* ». M. Baze, lui, veut « rester impassible ». M. Caussidière propose une promenade aux flambeaux avec proclamation. Des proclamations, c'est tout ce dont la Montagne accouchait. On mitraillait le peuple et les farouches Montagnards voulaient le sermonner. Quelle odieuse bouffonnerie !

L'Assemblée adopta une proclamation de M. Sénard à la garde nationale. Ce misérable factum disait en parlant des ouvriers : « Que veulent-ils donc ? On le sait maintenant : ils veulent *l'anarchie, l'incendie, le pillage*. » Le calomniateur maladroit avouait : « Sans doute *la faim, la misère, le manque de travail* sont venus en aide à l'émeute. » Il reconnaissait ainsi la légitimité de l'insurrection. M. Armand Marrast avait devancé M. Sénard dans cette œuvre coupable. Sa proclamation aux maires de Paris disait : « Ce n'est pas seulement la guerre qu'ils voudraient allumer parmi nous, c'est le *pillage*, la désorganisa-

---

(1) M. Bonjean n'est mort que le 24 mai 1871.
(2) Aujourd'hui député opportuniste de Seine-et-Oise.

tion sociale, c'est la ruine de la France qu'ils préparent. » Ces basses calomnies étaient destinées à justifier l'extermination et le massacre froidement organisés des prétendus pillards et incendiaires. Rendre odieux ceux que l'on va mitrailler et fusiller est une vieille tactique réactionnaire.

La lutte, sous ces excitations, était devenue implacable. Les représentants qui n'avaient pas voulu aller aux barricades pour transiger avec les insurgés y coururent pour aider à la répression. On vit de soi-disant démocrates marcher contre le peuple. MM. Dornès, Bixio, Guinard, l'ami de Barbès, attaquèrent les barricades. Les proclamations officielles les avaient trompés, a-t-on dit. Mais cela ne les excuse point. En de si graves circonstances, prendre parti pour les massacreurs est toujours un crime.

M. Clément Thomas, général de la garde nationale, démissionnaire depuis plusieurs jours, avait repris ses fonctions pour mitrailler les ouvriers. A la tête du 21e de ligne, d'un escadron de dragons et d'un détachement de la 1re légion, il balaya la rue Saint-Antoine. Rue Culture-Sainte-Catherine, il fut atteint de deux balles à la cuisse. M. Dornès était blessé mortellement, rue du Faubourg-Saint-Martin.

Rue Saint-Laurent, le général Rapatel prit cinq barricades. Il s'avança jusqu'au faubourg Saint-Denis.

Le général Lamorcière, lui, avait affaire à forte partie. Les ouvriers, au faubourg Poissonnière, occupaient de formidables positions. Ils étaient commandés par le dessinateur Legénissel, capitaine de la garde nationale, dont la compagnie avait passé à l'insurrection. Les barricades de la place Lafayette, que ces hommes défendaient, furent vainement attaquées plusieurs heures durant, par les gardes nationaux, Survint le général Lafontaine avec ses soldats. Mais les insurgés tinrent encore une demi-heure. Leur courage fit grand effet sur la troupe étonnée.

M. de Lamoricière vit le moment où il allait être refoulé jusqu'à l'Hôtel de Ville. Effrayé, il envoya demander du renfort. Cavaignac se mit lui-même à la tête d'une forte colonne, et courut vers le Château-d'Eau. MM. de Lamartine, *Pierre Bonaparte*, Duclerc et Jules Favre (1) montèrent à cheval et l'accompagnèrent.

Il était environ trois heures; un violent orage éclatait sur Paris.

A la hauteur de la rue Saint-Maur, Cavaignac et ses sept bataillons sont brusquement arrêtés par une haute barricade, élevée au carrefour des rues Pierre-Levée, Bichat et Fontaine-au-Roi. Les ouvriers attendent l'attaque, fusil en main. Cavaignac fait donner l'assaut par la 4ᵉ compagnie du 20ᵉ bataillon de sa garde mobile. Après les sommations, les gardes mobiles s'élancent; à quelques pas de la barricade ils sont arrêtés par une terrible décharge. Cavaignac lance un de ses sept bataillons. Il est repoussé. Un second n'est pas plus heureux. Un troisième, un quatrième bataillon sont envoyés. Peines perdues. Les sept bataillons furent successivement repoussés par

---

(1) Se figure-t-on le pleurard de Ferrières à cheval ?

une centaine d'insurgés. On braque des canons. La barricade résiste aux boulets. La lutte durait depuis quatre heures et le général Lamoricière dut venir au secours de celui qui lui amenait du renfort. La barricade fut, enfin, prise par le 29ᵉ de ligne.

Pendant l'absence du général Cavaignac, la Commission exécutive avait été assaillie par les demandes de secours, qui lui parvenaient de tous côtés. Près de quatre cents officiers d'ordonnance s'étaient succédé auprès de MM. Ledru-Rollin et Marie. La Commission, qui ne pouvait donner d'ordres, était partout accusée de trahison. Les gardes nationaux allaient jusqu'à menacer M. Ledru-Rollin de le fusiller. Et ce pauvre M. Ledru-Rollin qui mettait tant de zèle à faire canonner les faubourgs ! ô ingratitude ! La Commission n'avait plus que quelques heures à vivre ; l'absence habile de Cavaignac lui avait porté le dernier coup.

A l'Hôtel-de-Ville, le général Bedeau avait commencé ses opérations vers les cinq heures. Il avait, d'accord avec M. de Vernon, colonel de la garde républicaine, et M. Guinard, divisé ses troupes en deux colonnes. La première devait marcher sur Notre-Dame ; la deuxième gagnerait, par le pont Notre-Dame, la rue Saint-Jacques et monterait jusqu'au Panthéon. M. de Vernon arrive au pont Notre-Dame. MM. Bedeau et Guinard font installer deux batteries d'artillerie dans l'Hôtel-Dieu. Six coups de canon retentissent ; c'est le signal convenu pour l'attaque. Deux fois la barricade du Petit-Pont et celle de l'entrée de la rue Saint-Jacques sont enlevées aux insurgés; deux fois, ceux-ci les reprennent. Contre la première barricade, M. Guinard fait tirer ses canons; elle était défendue par ses anciens camarades de prison, officiers de la 12ᵉ légion. Après une heure de résistance les insurgés se retirent. Plusieurs trouvent un refuge dans le magasin de nouveautés, aux *Deux-Pierrots*. Belval, leur chef, homme énergique et d'un grand sang-froid, voulait abattre l'escalier et se battre des étages supérieurs. Il ne fut pas écouté et mal en prit à ses compagnons. Les gardes mobiles se précipitèrent dans le magasin et commencèrent un épouvantable carnage. Les ouvriers cachés derrière les ballots, sous les comptoirs, sous les combles, dans les caves, furent tués à coup de baïonnettes au milieu des rires sauvages des massacreurs. Un seul insurgé échappa à cette boucherie. Le sang coulait par ruisseaux. Le magasin des *Deux-Pierrots*, qui vit cette horrible scène, existe encore aujourd'hui comme il était en Juin 1848.

La férocité de la garde mobile ne peut surprendre quiconque est familier avec l'histoire de toutes les répressions. Les gardes mobiles étaient ivres (1). On avait eu soin de faire dans les casernes d'abondantes distributions de vin et de liqueurs (2). Ces soldats, ainsi « entraînés », commencèrent dès le premier jour à fusiller les prisonniers. Rue de la Harpe, ils jouaient au conseil de guerre, simulaient un jugement et tuaient ensuite le patient.

---

(1) Ivres d'eau-de-vie et de poudre. (H. Castille.)
(2) E. Ménard.

Sur les quais, sur les ponts, dans la Cité, rue Saint-Jacques, rue de la Harpe et dans les nombreuses petites rues qui s'y rattachent, on se battit jusqu'à la tombée de la nuit. Le général Cavaignac, qui était allé lui-même aux renseignements, trouva à l'Hôtel-de-Ville le général Bedeau blessé. Il avait reçu une balle à la cuisse, rue des Noyers. M. de Vernon était blessé au genou. On n'avait pu aller jusqu'au Panthéon et les troupes s'étaient repliées. Le général Duvivier est désigné pour remplacer M. Bedeau. Cavaignac va visiter ensuite le général Damesme, place de la Sorbonne. Ce dernier, faute de renforts, n'a pu prendre l'offensive. La lutte a été vive, rue des Grès, rue des Mathurins; les 10e et 23e bataillons de la garde mobile ont essuyé de fortes pertes; la garde nationale est presque entièrement avec l'insurrection. Cavaignac rentra à deux heures du matin au palais de la présidence. Interrogé par Ledru-Rollin sur le nombre et la situation des troupes, il ne sut que répondre et alla se reposer. Le peuple, lui, profita de la nuit pour reconstruire les barricades et en élever de nouvelles.

VI

LA BATAILLE. — DEUXIÈME JOURNÉE

Un historien a fait un saisissant tableau de Paris, au matin du samedi 24 juin. D'un côté, les Champs-Elysées, le Champ de Mars, le faubourg Saint-Germain, les Italiens, la Madeleine, les Tuileries ; de l'autre, les faubourgs Poissonnière, Antoine, la Cité, le faubourg Jacques et le faubourg Marceau : « Paris riche et Paris pauvre ». Ces deux Paris sont en lutte. Le Paris des ouvriers a soulevé ses rues et l'on y compte quatre cent quatorze barricades (1). Chaque quartier s'est barricadé à sa façon. Pas de plan général. Mais, au milieu de ce désordre, *«l'instinct municipal»* semble se faire jour. Les barricades convergent vers l'Hôtel-de-Ville. « Les rayons
« se trouvaient figurés par les longues lignes de
« barricades des rues Saint-Denis, Saint-Martin,
« des Arcis et Planche-Mibray, Sainte-Avoie, du
« Temple et du Faubourg-du-Temple, du pont
« Louis-Philippe, des rues Vieille-du-Temple, des
« Filles-du-Calvaire et de Ménilmontant, Saint-
« Antoine et du Faubourg-Saint-Antoine, du pont
« d'Arcole, de la place Maubert, des rues de la
« Montagne-Sainte-Geneviève, Descartes et Mouf-
« fetard, de la Cité, du Petit-Pont, Saint-Jacques.
« De sorte que les barrières Saint-Denis, des Ver-

---

(1) La seule rue du Faubourg-Saint-Antoine, de la barrière du Trône à la Bastille, en montrait soixante-huit.

« tus, de la Villette, de Ménilmontant, des Aman-
« diers, du Trône, d'Italie, de Croulebarbe, de la
« Santé, de l'Ourcine et d'Arcueil se rattachaient
« à l'Hôtel-de-Ville. »

Les ouvriers, habitants d'un quartier, se battaient dans ce quartier, sans s'occuper de leurs camarades qui en défendaient un autre. Ce manque de plan général devait faire réussir le système de concentration de Cavaignac. Pendant la bataille des huit jours, en mai 1871, on a vu se reproduire le même fait. Les fédérés, eux aussi, à l'entrée des troupes, coururent défendre chacun leur quartier, et l'armée de Versailles eut plus facilement raison des forces de la Commune ainsi dispersées.

Les chefs des insurgés de Juin ne commandaient, la plupart, qu'à une ou à plusieurs barricades.

Legénissel, dessinateur et ancien déserteur, capitaine de la garde nationale, dirigeait la défense à la place Lafayette. Le clos Saint-Lazare avait pour chef un journaliste, Benjamin Laroque. Un vieillard de soixante ans, cordonnier en vieux, Voisambert, commandait la rue Planche-Mibray. Un jeune ouvrier mécanicien, Barthélemy, dirigeait les barricades de la rue Grange-aux-Belles. Au faubourg Saint-Antoine, on remarquait Pellieux, l'ouvrier Marche, Lacollonge, rédacteur en chef de *l'Organisation du travail, journal des ouvriers* ; le lieutenant de vaisseau Frédéric Cournet. Le mécanicien Racary commandait la place des Vosges. Touchard, ex-montagnard, était chef rue de Jouy et Hibruit, un chapelier, rues des Nonains-d'Hyères, du Figuier et Charlemagne. Au Panthéon se trouvait Raguinard et, à la barrière d'Italie, le maçon Lahr, accompagné du maquignon Wappreaux, de Choppart et de Daix.

Partout les insurgés forçaient les pharmaciens à faire de la poudre. Plusieurs ouvriers en avaient d'ailleurs appris la fabrication aux cours du Conservatoire des Arts-et-Métiers. Sur les barricades, on fondait des balles, et au faubourg du Temple les insurgés réussirent à couler un canon; mais ils ne purent s'en servir.

A huit heures un quart, l'Assemblée était rentrée en séance. Elle rendit un décret par lequel elle adoptait les veuves et les enfants de ceux qui mourraient pour la *République* (?). Le général Cavaignac vint s'écrier: « Mais sachez donc qu'il ne s'agit pas d'une émeute; c'est une révolution qui s'accomplit. Paris entier est debout. Avant deux heures les insurgés seront ici. » La faction du Palais-National profite de la terreur causée par ces paroles et M. Pascal Duprat monte à la tribune: « Je demande que l'Assemblée nationale rende le décret suivant: *Paris est mis en état de siège;* tous les pouvoirs sont concentrés dans les mains du général Cavaignac. » L'Assemblée vote par assis et levé, et soixante membres seulement se lèvent contre la dictature!

M. Pascal Duprat, quelques jours après, reçut la récompense due à son ardeur réactionnaire: il fut nommé ambassadeur à Vienne. M. Pascal Duprat a-t-il jamais supputé sa part de cadavres dans le massacre de juin 1848 ? Sait-il ce qu'une ambassade peut coûter de sang ?

La Commission exécutive, une heure après, envoya sa démission, qui fut reçue avec indifférence.

A dix heures, les représentants qui avaient voté contre l'état de siège, « à propos de la résolution prise par l'Assemblée de charger quelques-uns de ses membres d'intervenir au nom de tous », signaient la déclaration suivante : « Si nous sommes désignés,
« nous nous rendrons avec enthousiasme au plus fort
« de la lutte, mais pour n'y porter que des paroles de
« paix, bien convaincus que le meilleur moyen de
« sauver la République, c'est de rappeler la devise
« écrite sur le drapeau républicain et d'invoquer
« le sentiment de la fraternité. »

La Montagne, aplatie, se crut, sans doute, héroïque en signant cette timide protestation. Elle n'était que pusillanime. M. Louis Blanc, un des signataires, n'eut même pas, en mai 1871, ce facile courage. Lors de l'entrée dans Paris des troupes de Versailles, ce représentant, élu par 216,000 Parisiens, s'associait aux félicitations de l'Assemblée à l'armée victorieuse (1) !

Une fois dictateur, le général Cavaignac se montra impitoyable. Plus d'inertie, plus de mollesse calculée. Ce soldat se plongea dans le sang jusqu'aux épaulettes et mérita le surnom de *boucher* que lui infligèrent les ouvriers.

Onze journaux furent frappés d'une suspension

---

(1) *Officiel*, séance du 21 mai 1871.

immédiate; le silence est nécessaire aux égorgeurs. L'armée des Alpes, les troupes disponibles des 2ᵉ et 3ᵉ divisions et de la subdivision de la Seine-Inférieure furent appelées. Les gardes nationales de province furent mandées et accoururent « *mettre Paris à la raison* ». Elles arrivèrent juste à temps pour massacrer les prisonniers et satisfaire ainsi les vieilles rancunes de la province contre Paris révolutionnaire.

Le dictateur publia une proclamation aux soldats : « Rassurez-vous, leur disait-il, vous n'êtes point agresseurs; cette fois, du moins, vous n'aurez pas été de tristes instruments de despotisme et de trahison. » Cet étalage de grands sentiments avait pour but de donner le change aux républicains crédules et naïfs.

La bataille avait recommencé à dix heures et, comme la veille, sur trois points principaux : la Cité, le haut des faubourgs Saint-Denis et Poissonnière, le Panthéon.

Les insurgés avaient repris les rues Planche-Mibray, des Arcis, de la Verrerie et Saint-Antoine. Ils serraient de près l'Hôtel-de-Ville. Deux pièces d'artillerie, mises en batterie, place du Châtelet, ont dû reculer. M. Marrast prend peur; il envoie chercher des secours. Cavaignac envoya un bataillon de la garde nationale et deux canons, sous les ordres du colonel Charras. On marche alors sur la rue Saint-Antoine. Le canon donne contre l'église Saint-Gervais. Le soir, l'Hôtel-de-Ville était dégagé.

Au faubourg Poissonnière, une seule barricade résista de deux heures de l'après-midi à six heures du soir contre la deuxième légion. Les insurgés, maîtres des angles des maisons, tiraient du haut des fenêtres. Deux cents gardes républicains sont envoyés; puis arrivent les représentants Tréveneuc et Perrée avec six cents gardes nationaux; la garde nationale de Rouen survient. La barricade est prise et la place Lafayette occupée. Les ouvriers se retirent dans les retranchements du clos Saint-Lazare.

Le général Korte, au faubourg Saint-Denis, échouait contre une barricade défendue par les mécaniciens du chemin de fer du Nord. Quatre-vingts coups de canon sont tirés sans résultat. Le général Korte et le général Bourgon, qui était venu à son aide, sont blessés tous deux.

Les ouvriers se sont emparés de la place des Vosges. Le drapeau rouge flotte sur la mairie du huitième, où Lacollonge a été installé comme maire. Trois cent cinquante soldats ont rendu les armes. Les insurgés les relâchent aussitôt. La place reprise, ces soldats furent fusillés ou dégradés. Les ouvriers, de plus en plus *pillards*, exigèrent des scellés sur tous les meubles de la mairie qui contenaient de l'argent, firent main basse sur 15,000 cartouches, 15,000 sabres et sur des munitions de toute espèce.

Rue du Faubourg-du-Temple, il fallut recommencer l'attaque de la barricade Saint-Maur. Les ouvriers ont réparé ses brèches; elle atteint la hauteur d'un deuxième étage. Dans ce quartier, l'insurrection était formidablement établie. Le général Lamoricière était dans un état d'exaspération voisin de la démence. Sur l'ordre de MM. Sénard et Cavaignac, la paye des ateliers nationaux se faisait même derrière les barricades : on voulait arracher au désespoir quelques affamés. Lamoricière crie à la trahison. Il veut faire fusiller deux brigadiers des ateliers nationaux qui avaient sur eux la somme de quatre-vingts francs. Cette paye opérée pendant la bataille fut transformée par l'ineptie publique en une distribution d'or faite par les prétendants et l'étranger.

Sur la rive gauche, le général Damesme, avec la 11e légion, 800 hommes de ligne, 500 gardes mobiles et des détachements de la garde républicaine, reprend toutes les barricades de la rue Saint-Jacques jusqu'à la rue du Plâtre; puis il revient au Panthéon, qui était le quartier général des ouvriers. Ceux-ci occupaient l'École de droit et la mairie, alors en construction. Une énorme barricade barrait la place, à l'entrée de la rue Soufflot. Du haut de la coupole, les insurgés dominent toutes les avenues. Leur position est excellente; aussi la garde mobile, qui voulut donner l'assaut, fut-elle repoussée avec de fortes pertes. Mais deux bataillons du 14e et du 24e léger, occupés à dégager les rues voisines, pénètrent, par une porte de derrière, dans l'école de droit. Ils tirent par les fenêtres sur le Panthéon; les ouvriers ripostent de la mairie. Pendant deux heures, ce fut une horrible tuerie.

Damesme fit mettre les canons en batterie, dans la rue Soufflot, au milieu de la chaussée.

Longtemps le canon tonna. La porte du monument, brisée par les boulets, s'abattit. Une statue colossale tomba de son piédestal avec un terrible fracas. L'assaut est alors donné : on se bat corps à corps dans le Panthéon ; plus de mille ouvriers sont faits prisonniers. Les autres, plus heureux, purent échapper par les jardins du collège Henri IV et se réfugièrent derrière les barricades des rues de Fourcy, Contrescarpe, de la Vieille-Estrapade et des Fossés-Saint-Jacques. Beaucoup de prisonniers, parmi lesquels Raguinard, furent fusillés sur le lieu même du combat, malgré les cris et les supplications des femmes et des mères.

Les troupes coururent à l'attaque de la rue des Fossés-Saint-Jacques et de la rue de l'Estrapade. Pendant près de cinq heures, la lutte continua. La dernière barricade, celle de la rue de Fourcy, allait être emportée quand le général Damesme fut blessé à la cuisse. Le général Bréa lui succéda.

Dans cette journée du 24 juin, les insurgés n'avaient pas cessé *le pillage*. Ces héroïques affamés s'étaient emparés du collège Henri IV. Ils n'avaient, comme dit leur langage, rien à se mettre dans le fusil, rien que leurs cartouches. Il leur était facile de faire main basse sur les provisions de l'établissement : non ; ces pauvres diables ne voulurent pas *manger le pain de ces enfants*. Généreux et sublimes pillards ! Et comment ne pas admirer cette canaille !

Le peuple, maître du marché des Carmes, l'avait laissé intact. Après la prise de la place Maubert, ce marché fut pillé par les gardes mobiles, ces sauveurs de la propriété.

Dans plusieurs quartiers, des insurgés avaient voulu monter des pavés dans les maisons, pour les lancer sur la troupe. Leurs camarades s'y opposèrent *pour ne pas compromettre la vie et la propriété des habitants.* Humanité exagérée, puisqu'elle nuisait à la défense.

Les soldats ivres fusillaient partout les prisonniers; le peuple, lui, bon à l'excès, abusait de la générosité. Place Maubert, un capitaine de la garde nationale est pris; il est renvoyé à son bataillon. Les ouvriers revêtaient de blouses les soldats prisonniers, pour qu'ils pussent, sans danger, traverser les autres barricades. Ils agirent ainsi envers un mobile du faubourg du Temple, six mobiles, dont un officier, au pont d'Austerlitz, un garde national, rue du Perche. La veille, un officier d'état-major de la garde nationale, pris rue Saint-Jacques, avait été reconduit au quartier général de Damesme.

Les ouvriers avaient occupé la caserne de la rue Neuve-Sainte-Geneviève. Ils avaient quelques vivres qu'ils s'étaient procurés en mettant leurs habits en gage. Ils les partageaient avec les gardes mobiles malades. La caserne fut reprise par la garde mobile. On transporta au Val-de-Grâce et à la Pitié les ouvriers blessés. Pendant le trajet, on les achevait à coups de sabre (1). Il faut bien reconnaître, avec le

---

(1) Louis MÉNARD.

Constitutionnel du 26 juin, que les insurgés étaient « les Barbares du XIXᵉ siècle ». Mais, par contre, les gardes mobiles et les soldats n'étaient-ils pas les dignes défenseurs de la civilisation bourgeoise et capitaliste ?

L'héroïque résistance du peuple, durant cette journée du 24 juin, avait fortement impressionné plusieurs « hommes politiques » de la réaction. Devant les maigres résultats obtenus au prix de si grands efforts, devant l'incertitude du lendemain, la peur les saisit. A la réunion de la rue de Poitiers, M. Thiers prouva que l'Assemblée devait se réfugier en province. Versailles parut trop près de l'insurrection et Bourges ne contentait pas encore les plus couards. Le boucher Cavaignac une fois séparé de l'Assemblée, c'en était fait de sa dictature. Aussi grande fut sa colère contre M. Thiers. « Le départ de l'Assemblée perdrait tout, s'écria-t-il; si M. Thiers continue à tenir de pareils propos, je le fais fusiller (1) ! » Le massacreur de Juin faisant fusiller le héros de la rue Transnonain, le futur bombardeur de Paris !...

La nuit venue, l'insurrection s'occupa de son ravitaillement. Les vaillantes femmes des ouvriers usent de tous les moyens pour apporter aux combattants des vivres et des munitions. Les unes cachent de la poudre dans le double fond d'une boîte au lait; d'autres feignent la grossesse. Des pains sont bourrés de cartouches. Les soldats découvrent des

---

(1) Cette peur de Paris finit par triompher en 1871, et Versailles devint la capitale de la République bourgeoise.

munitions jusque dans les matelas des civières et des corbillards. Les insurgés fondent des balles. Comptoirs des marchands de vin, brocs d'étain, plomb des gouttières, tout leur est bon. Ils en vinrent à charger leurs fusils avec des tringles, des cailloux et des caractères d'imprimerie.

La journée du lendemain, tout l'indiquait, serait terrible. La bataille allait atteindre à son plus haut degré d'implacabilité.

VII

LA BATAILLE. — TROISIÈME JOURNÉE

Le caractère de l'insurrection se dégageait nettement. Les ouvriers criaient « Vive la République démocratique et sociale ! » le drapeau rouge flottait sur les barricades. Le peuple, affamé, n'oubliait pas la République. Loin de rendre la Révolution responsable de sa misère, il l'invoquait contre les pseudo-républicains de l'Assemblée, alliés aux royalistes. Les insurgés se battaient légitimement, on ne saurait trop le dire, et pour un besoin et pour une idée : pour avoir du pain, pour avoir la « sociale ».

Des proclamations appelaient tout Paris aux armes. Une liste de gouvernement provisoire passait de mains en mains. L'insurrection, d'abord chaotique, et, pour ainsi dire inorganique, prenait un corps. De nombreux et pressants avis répétaient aux ouvriers : « Défendez-vous, résistez à outrance, vous serez massacrés. » C'est que les sauvages excitations de la *presse honnête* devaient avoir leur sanglant effet. Tout prisonnier était un homme mort. Il valait mieux combattre que d'aller à l'abattoir.

Cavaignac répondit à ces avis par une proclamation, le 25 au matin : « Ouvriers, et vous tous qui
« tenez les armes levées contre la patrie et contre
« la République, une dernière fois, au nom de
« tout ce qu'il y a de respectable, de saint, de sa-
« cré pour les hommes, déposez vos armes !
« L'Assemblée nationale, la nation tout entière
« vous le demandent. On vous dit que de cruelles
« vengeances vous attendent ! Ce sont vos enne-
« mis, les nôtres, qui parlent ainsi ! On vous dit
« que vous serez sacrifiés de sang-froid ! *Venez à*
« *nous, venez comme des frères repentants et soumis à*
« *la loi, et les bras de la République sont tout prêts à*
« *vous recevoir.* »

Le boucher Cavaignac mentait. Oui ! les bras de la République bourgeoise étaient tout prêts à recevoir les insurgés, mais pour les égorger. L'Assemblée, à son entrée en séance, avait voté trois millions pour secours à domicile aux familles nécessiteuses. Les réacteurs s'obstinaient à traiter comme un mendiant ce peuple qui se battait pour un droit.

Le dimanche, 25 juin, l'insurrection occupait encore les faubourgs Saint-Antoine, Saint-Martin, du Temple et le faubourg Saint-Marcel. Elle était retranchée au clos Saint-Lazare. A neuf heures, Cavaignac donna l'ordre d'attaquer. Le général Bréa reçut cet ordre à dix heures, à son quartier général, place du Panthéon. Sur la rive gauche, les insurgés étaient refoulés presqu'en entier hors des murs d'octroi. Le général Bréa résolut de les y poursuivre. Il partit à la tête d'une colonne composée de garde mobile, d'une compagnie du génie, de ligne, de deux pièces d'artillerie; 2,000 hommes environ. Le représentant de Ludre l'accompagnait. Aux barrières d'Enfer, Saint-Jacques, de la Santé, le général parlementa avec les insurgés; il obtint un plein succès. Les barricades furent abandonnées.

A la barrière d'Italie ou de Fontainebleau, le général Bréa est arrêté par quatre barricades qui barrent les rues et les boulevards. La barrière est fermée par un énorme tas de pavés. Un seul passage, pour un homme, sur la droite. De temps en temps une tête d'insurgé apparait. Le général met les canons en batterie. Puis il s'avance vers la grille. Il parle aux insurgés des trois millions accordés par l'Assemblée. On l'invite à venir s'entendre avec les chefs. Bréa, suivi du commandant de la 12ᵉ légion, Gobert, un capitaine d'état-major, de Mangin, du lieutenant Saingeot, franchit la grille qui se referme. « C'est Cavaignac, c'est le bourreau Cavaignac! s'écrie la foule. »—«Non! c'est un vieux brave », répliquent quelques voix, et l'on entraîne le prisonnier dans une maison voisine. Les portes vont céder sous les efforts de la foule; on eng. Bréa à escalader le mur du jardin. Le lieu

Saingeot avait déjà franchi ce mur et allait chercher du secours. A ce moment, les portes de la maison sont enfoncées. Le général Bréa est repris et ramené dans une pièce du second étage.

Là, pour apaiser la foule, Bréa écrivit : « Nous, soussignés, général Bréa, de Ludre, déclarons être venus aux barrières pour annoncer au bon peuple de Paris et de la banlieue que l'Assemblée nationale a décrété qu'elle accordait trois millions en faveur de la classe nécessiteuse et qu'elle a crié «Vive la République démocratique et sociale !» Et comme l'on criait « le renvoi des troupes ! » le général Bréa ajouta : « Je n'ai trouvé à la barrière Fontainebleau que de braves gens, républicains et démocrates socialistes. » « L'infortuné général, dit H. Castille, dut se résigner à écrire *d'une main tremblante* ces derniers mots : « J'ordonne à la troupe de se *retirer (sic)*; qu'elle retourne par la même route. »

Le général Bréa, on doit le reconnaître, jouait là un singulier rôle. Tout d'abord, vit-on jamais un général se transformer en parlementaire. Ensuite, qu'espérait-il en se rendant au milieu d'hommes impitoyablement poursuivis par lui ? La veille, il avait fait abandonner des barricades au Panthéon, en promettant la liberté aux ouvriers. Mais les soldats avaient égorgé les prisonniers (1). Il est permis de croire que le général était venu pour tromper, encore une fois, les insurgés. Enfin — est-il besoin de l'indiquer —en disant: *L'Assemblée a crié «Vive la*

---

(1) Voir *Appendice*.

République démocratique et sociale! », le général Bréa avait écrit un lâche mensonge. « Ou bien le géné-
« ral avait complètement perdu la tête, jusqu'au
« point d'acheter sa vie au prix d'une lâcheté indi-
« gne d'un militaire, ou bien il faut croire qu'il y
« avait là un piège non moins indigne tendu aux
« insurgés (1). »

Des femmes qui avaient assisté, épouvantées, aux massacres du Panthéon, accoururent tout à coup en criant : « Trahison ! trahison ! voilà la mobile ! » Six ou sept coups de feu retentirent. Le général Bréa et le capitaine Mangin, comme l'a dit un insurgé, « *avaient leur affaire* ». Cette mort du général Bréa fut habilement exploitée par la réaction (2). Des parlementaires ouvriers, parlementaires sans arrière-pensée, ceux-là, avaient bien été fusillés ;

---

(1) Vermorel, *Les Hommes de* 1848.
(2) Dans sa séance du 27 avril 1871, la Commune de Paris avait adopté le décret suivant, proposé par le citoyen Léo Meillet :

« La Commune de Paris :

Considérant que l'église Bréa, située à Paris, 79, avenue d'Italie (XIII⁰ arrondissement), est une insulte permanente aux vaincus de Juin et aux hommes qui sont tombés pour la cause du peuple,

Décrète :

Art. 1ᵉʳ. — L'église Bréa sera démolie ;
Art. 2. — L'emplacement de l'église s'appellera *place de Juin* ;
Art. 3. La municipalité du XIII⁰ arrondissement est chargée de l'exécution du présent décret. » (*Journal Officiel*, réimpression).

Ce décret n'a pu encore être exécuté......

mais c'étaient des ouvriers. Contre cette vermine tout est permis. Fusiller un général ! lâche assassinat. Chose jugée par les conseils de guerre. Il nous est défendu d'y contredire. Nous nous étonnerons cependant que le peuple n'ait pas usé de plus de représailles. Oui, de tout temps, la Révolution a péché par excès de générosité.

Les barricades attaquées par le lieutenant-colonel Thomas furent prises. Sur la rive gauche l'insurrection était vaincue.

Sur la rive droite, la division Lamoricière avait attaqué le clos Saint-Lazare. On appelait clos Saint-Lazare des terrains vagues qui s'étendaient de la barrière Poissonnière au chemin de fer du Nord, de l'église Saint-Vincent-de-Paul au mur d'octroi. Sur ce point, la résistance fut terrible; l'attaque dura trois jours entiers. Le 25, la fusillade et le canon firent rage. On se disputait le terrain pied à pied. Six pièces de canon tiraient sans relâche. Le peuple, décimé, dut enfin céder. Benjamin Laroque continua la lutte avec une soixantaine d'hommes. Le nombre de ces vaillants diminuait vite. Laroque, désespéré, voulut en finir. Il marcha vers l'ennemi. « Où vas-tu ? » lui demanda un ouvrier. « Me faire tuer ». Il tomba frappé d'une balle à la tête et d'une autre à la poitrine. En mai 1871, le délégué à la guerre de la Commune, Charles Delescluze, mourut de cette même façon stoïque.

Le *Peuple Constituant*, le journal de Lamennais, écrivit : « Au clos Saint-Lazare, la lutte a pris des
« proportions gigantesques; c'était, au dire même

« de la garde nationale, une bataille complète avec
« des traits d'héroïques audaces et de morts subli-
« mes. Que ces hommes soient ou non des fac-
« tieux, quiconque les a vus tomber sous l'ouragan
« de mitraille qui les labourait de quatre côtés à la
« fois, n'a pu se défendre d'une involontaire admi-
« ration. C'est au cri de « Vive la République! »
« qu'ils meurent. Qu'en pense-t-on? Pas un nom
« de prétendant n'est sorti de ces bouches, muettes
« maintenant. Il y aujourd'hui quatre mois, jour
« pour jour, heure pour heure, qu'ils poussaient le
« même cri en fondant la République. N'est-ce pas
« un présage qu'ils viennent de l'exhaler avec leur
« dernier soupir? »

Le peuple, qui occupait toujours le faubourg du Temple, envoya Barthélemy en parlementaire au général Lamoricière. Les ouvriers demandaient à se retirer sans être faits prisonniers. Lamoricière veut qu'ils se rendent à discrétion. « L'armée et la garde nationale sont fortes et pourvues de plomb et de poudre », dit-il à Barthélemy. — « Et nous aussi », réplique celui-ci, et il rejoint ses compagnons.

A l'Hôtel de Ville, le général Duvivier avait partagé ses troupes en deux colonnes. A la tête de la première, il prit par les quais; le colonel Renaut, avec la seconde, devait dégager la rue Saint-Antoine et les rues adjacentes. La marche du colonel Renaut fut lente et difficile. On se battit pendant trois heures au marché Saint-Jean; M. Marrast fit nommer général le colonel Renaut. Ce dernier fut tué quelques instants après, à l'église Saint-Paul. Le général Perrot lui succéda.

Presque au même moment, le général Duvivier était blessé au pied (1). Le général Négrier vint le remplacer avec un renfort de dragons, de troupe de ligne et de gardes nationaux. Les quais et les ponts furent dégagés jusqu'au pont d'Austerlitz. Parvenu à la gare de l'Arsenal, M. Négrier prit par la rue Contrescarpe, tandis que M. Edmond Adam, avec une partie des troupes, prenait par le boulevard Bourdon. Le général Négrier trouva, à la place de la Bastille, le général Perrot et le général Bertrand. L'effrayante barricade du faubourg et les soldats s'envoyaient d'innombrables coups de feu. Comme ses hommes n'osaient avancer, le général Négrier voulut les entraîner et s'élança. Il tomba frappé d'une balle. Le représentant Charbonnel fut tué à côté de lui.

Quelques moments après, l'archevêque de Paris, M. Affre, qui avait cru pouvoir arrêter la lutte par sa seule présence, arrivait suivi de ses deux grands vicaires et de son domestique. Le général Bertrand fit cesser le feu et M. Affre s'avança vers les insurgés. Ceux-ci, curieux, le regardaient. Tout à coup un roulement de tambour se fait entendre. Les ouvriers crient à la trahison et la fusillade recommence. Une balle atteint l'archevêque aux reins. Les insurgés, toujours *féroces*, courent à son secours et se défendent d'avoir fait feu sur lui.

---

(1) Il mourut de sa blessure le 3 juillet 1848.

M. Affre, qui faisait face à la barricade, fut frappé par derrière. La balle venait donc du côté de la troupe. « C'est de notre côté qu'il reçut la balle », déclara le représentant Ch. Beslay, à l'Assemblée, le 26 juin. Le vicaire-général Jacquemet écrivit la déclaration suivante :

« Je, soussigné, vicaire-général de l'archevêque de Paris, qui avais l'honneur de l'accompagner dans la mission de paix et de charité qu'il avait entreprise, atteste, autant qu'il a été possible d'en juger au milieu d'une grande confusion, qu'il n'a pas été frappé par ceux qui défendaient les barricades. 26 Juin 1848. *Signé :* Jacquemet, vicaire-général. »

Mais il fallait à la réaction son « prélat-martyr ». Les ouvriers furent accusés d'avoir « assassiné » M. Affre. Cette calomnie, tous les historiens *bien pensants* l'ont consciencieusement répétée; et aujourd'hui encore, la légende de M. Affre, tué par les insurgés, remplit d'effroi l'âme des vieilles dévotes et des jeunes séminaristes. Un autre archevêque de Paris est mort, depuis, dans une autre révolution. Mais le sieur Darboy, otage, fut fusillé à la Roquette. A l'encontre de M. Affre, il mourut frappé par les insurgés. C'est là un fait historique et nous ne saurions ni le nier ni l'atténuer.

VIII

LA BATAILLE. — QUATRIÈME ET DERNIÈRE JOURNÉE

Le lundi 26, l'insurrection pouvait être regardée comme vaincue. Mais le peuple voulut résister jusqu'au dernier pavé. Il redoubla d'énergie et de vaillance. Les ouvriers entraînèrent leurs femmes et leurs enfants sur les barricades. « Puisque nous ne pouvons plus les nourrir, murmuraient-ils, il vaut mieux qu'ils meurent avec nous. » Des femmes, courant au-devant des égorgeurs, leur criaient : « Vous avez tué nos maris, nos frères; tuez-nous aussi. » La « canaille » désespérée désirait et appelait la mort, cette libératrice. Mieux vaut, en somme, mourir d'une balle que crever la faim. Et puis, tomber sur une barricade, la rage au cœur et les dents serrées, n'est-ce pas une dernière et sombre volupté? On meurt vengé.

A l'aube, le général Lamoricière recommença l'attaque. Une colonne prit par le faubourg du Temple; une autre par les rues d'Angoulême et des Trois-Bornes. — Arrivés au canal, les soldats durent s'arrêter. Le faubourg fut bombardé. La troupe poursuivit sa marche. Une barricade se dressait, morne et silencieuse. De temps en temps, un coup de feu; on voyait tomber un assaillant. A l'intersection du faubourg et de la rue Saint-Maur, il fallut enlever les barricades, vainement attaquées les jours précédents. Rue d'Angoulême le combat fut sanglant. A dix heures, l'héroïque faubourg était « *pacifié* ».

Depuis le dimanche matin, le drapeau rouge flottait sur la colonne de Juillet. L'appel suivant avait été affiché :

« Aux armes !

« Nous voulons la République démocratique et sociale.

« Nous voulons la souveraineté du peuple.

« Tous les citoyens d'une république ne doivent et ne peuvent vouloir autre chose.

« Pour défendre cette république, il faut le concours de tous.

« Les nombreux démocrates qui ont compris cette nécessité sont déjà descendus dans la rue depuis deux jours.

« Cette sainte cause compte déjà beaucoup de victimes; nous sommes tous résolus à venger ces nobles martyrs ou à mourir. Alerte! citoyens! que pas un seul de vous ne manque à cet appel!

« Si une obstination aveugle vous trouvait indifférents devant tant de sang répandu, nous mourrons tous sous les décombres incendiés du faubourg Saint-Antoine.

« Pensez à vos femmes, à vos enfants, vous viendrez à nous. »

Les ouvriers du faubourg s'étaient emparés de

la caserne de Reuilly. Au lieu de marcher sur l'Hôtel de Ville, ils avaient perdu leur temps en vaines escarmouches. Et quand ils voulurent se mettre en mouvement, il était trop tard; la Révolution était vaincue partout ailleurs.

Au faubourg Antoine, comme dans tous les autres quartiers, le peuple « organisa le pillage », cela va sans dire. Exemples : Rue de la Roquette, dans une maison qu'avaient occupée les insurgés, le propriétaire retrouva 8,000 francs en espèces. La boutique d'un horloger fut aussi occupée; pas un bijou ne disparut. Enfin, comme des propriétaires craignaient sottement pour leurs propriétés, le peuple leur donna des sentinelles. Pendant que les soldats se gorgeaient d'alcool, les faubouriens s'abstenaient de vin pur.

Trois représentants, MM. Larabit, Galy-Cazalat, Druet-Desvaux étaient entrés, le 25, dans le faubourg. Le peuple voulut leur faire signer cette déclaration :

1º Dissolution de l'Assemblée nationale.
2º Eloignement de l'armée à 40 lieues de Paris.
3º Mise en liberté des prisonniers de Vincennes.
4º Constitution faite par le peuple lui-même.

Les trois représentants ne voulurent pas signer. Des délégués allèrent porter cette capitulation au général Perrot. On l'avait modifiée. Les ouvriers demandaient le rapport de la loi sur les ateliers nationaux et que l'Assemblée décrétât le droit au travail. Le général Perrot, de son côté, exigeait le désarmement du faubourg et son occupation. M. Recurt cherchait à amener une transaction; mais M. Edmond Adam ne voulut rien signer sans avoir consulté Cavaignac.

Le peuple, voyant l'insuccès de sa première démarche, envoya l'adresse suivante au président de l'Assemblée :

« Citoyen président, nous ne désirons pas l'effusion du sang de nos frères. Nous avons toujours combattu pour la République démocratique. Si nous adhérons à ne pas poursuivre la révolution sanglante qui s'opère, nous voulons aussi conserver nos titres et nos droits de citoyens français. »

Les trois représentants avaient ajouté :

« Les vœux exprimés ci-dessus nous paraissent si justes et si d'accord avec les nôtres que nous nous y associons complètement, croyant que personne ne verra dans cette adhésion un acte de faiblesse.

« *Signé* : Larabit, Druet-Desvaux, Galy-Cazalat. »

Les quatre délégués du peuple furent dédaigneusement reçus par le dictateur Cavaignac. M. Edmond Adam l'avait déjà circonvenu et M. le général Lamoricière l'avait, par une dépêche, adjuré de ne pas accepter une capitulation qui humilierait l'armée. Les généraux africains ne voulaient pas lâcher leur proie. Le faubourg Antoine ne pouvait échapper au sort des autres quartiers ouvriers. Ses défenseurs seraient massacrés; les maisons seraient bombardées et éventrées. L'*honneur* de l'armée l'exigeait.

Cavaignac congédia les délégués à cinq heures du matin. Il avait prolongé la trêve jusqu'à dix heures. Le général Perrot ajouta dix minutes. Les délégués annoncèrent leur insuccès au peuple. Une terrible malédiction s'éleva du faubourg : « Mort à Cavaignac ! mort au bourreau du peuple ! »

La troupe s'élança. Le combat fut de courte durée, mais d'une violence et d'une horreur indicibles. Le faubourg, furieusement canonné, n'était plus que ruines et décombres. Quelques insurgés résistèrent jusqu'au soir, à la barrière des Amandiers où fut blessé le général Courtigis.

Le président de l'Assemblée disait à la tribune à deux heures et demie : « Tout est fini ! » Ce même M. Sénart venait de s'écrier : « *Remercions Dieu, messieurs ! Oh ! que je suis heureux. Merci à Dieu !* » Oui, merci au Dieu de la Saint-Barthélemy, des Dragonnades et de Transnonain, au Dieu des massacres.

IX

LES CALOMNIES

Le moment est venu d'étaler, dans toute leur hideur, l'ignominie et la turpitude de la presse de réaction. Pendant que les soldats de Cavaignac bombardaient et mitraillaient les faubourgs, les immondes gredins du journalisme *bien pensant* déversaient l'outrage et la calomnie sur les insurgés. Froidement, avec le plus de soin et le plus d'art possible, ces jésuites de l'écritoire échafaudaient d'horribles et sanglantes histoires, ciselaient un ignoble mensonge, forgeaient une habile invention. Journaux de sacristie, journaux de boudoir, journaux de corps de garde et de chiourme, calomniaient à qui mieux mieux. Tout leur était bon; pillage, incendie, assassinat, viol, odieux raffinements de cruauté, etc. Ah! ces Basiles connaissaient à fond les moindres détails de leur sale métier.

Ils savaient que plus une calomnie est stupide et grotesque, plus elle a de chances pour faire vite son chemin. Aussi, quelle profusion de contes à dormir debout, quelle abondance de niaiseries savantes ! Mais c'était là ce que gobaient le mieux lignards, gardes mobiles et gardes nationaux. Avec quel entrain, ensuite, ils massacraient les prisonniers! Et les pleutres de la presse pourrie de se réjouir.

« Cette horrible boucherie de Juin qui épouvante l'historien lui-même — a écrit M. H. Castille — et lui ferait croire que c'est du sang et non de l'encre qui coule de sa plume; cette sauvage tuerie eut ses diplomates.

« Il y avait alors, à Paris, trois ou quatre journaux voués à un rôle exécrable et qui ont contribué singulièrement à l'abaissement de la presse périodique en France.

« Ces journaux, à la tête desquels on est obligé de placer le *Constitutionnel*, avaient pris à tâche, au milieu du conflit des partis, de remuer dans le cœur humain ce qu'il y a de plus mauvaises passions : la peur, la haine, l'esprit de vengeance, l'esprit du sang lui-même, qui rabaisse l'homme au niveau de la bête féroce. Il ne craignait pas d'imprimer — *et depuis l'aveu de ce mensonge est sorti des lèvres de ses narrateurs* — des récits qui, en d'autre temps, eussent fait sourire de pitié, mais qui, à ces heures de vertige, ressemblaient aux cris des belluaires excitant la rage des animaux du cirque. De sorte que ces malheureux, à qui l'Assemblée nationale refusait, sous l'inspiration de M. de Falloux, les travaux demandés par le ministre Trélat, devaient être à la fois affamés, fusillés et calomniés. »

Et Léonard Gallois (*Histoire de la révolution de 1848*). « Combien furent coupables ces journalistes de la réaction qui mirent tant de persistance à placer sous les yeux de la garde nationale et de la garde mobile ces récits mensongers inventés par les fauteurs de guerre civile.....

« L'opinion publique a, *depuis longtemps*, fait *une éclatante justice* de toutes les odieuses inventions que les passions les plus détestables, les imaginations les plus infernales surent si déplorablement exploiter pour assouvir leurs vieilles haines contre les républicains. »

Enfin, un autre historien, Mme Daniel Stern :
« La violence des passions, la peur surtout, la stupéfaction des honnêtes gens leur donnaient (aux calomnies) une puissance funeste. L'historien est heureux de pouvoir aujourd'hui effacer, anéantir ces calomnies, qu'alors on osait à peine révoquer en doute. »

Nous allons faire défiler sous les yeux de nos lecteurs ces calomnies percées à jour et flétries par l'histoire. Il est bon de connaître les armes de tout temps employées par les réacteurs contre le socialisme révolutionnaire. On verra, d'ailleurs, que les lâches inventions lancées contre les vaincus de juin 1848, ont resservi, en mai 1871, contre les vaincus de la Commune; ce qui donne une singulière importance à cette revue.

Les insurgés furent représentés comme étant à la solde des prétendants et de l'étranger. Le journal de M. Eugène Pelletan, le *Bien public*, écrivait, le 24 juin : « Au milieu des causes qui ressortent de la terrible crise que nous traversons, il est impossible de ne pas reconnaître des excitations étrangères. *Il est certain* que des provocateurs ont distribué de l'argent au nom de divers prétendants et de plusieurs partis. Parmi les individus arrêtés, beaucoup ont été trouvés nantis *de sommes assez importantes.*

Le *Corsaire*, lui, était autrement précis : « Dans un seul hôpital, à la Pitié, sur cinq cent quatre-vingt neuf individus arrêtés, on compte jusqu'à *cent cinquante-neuf mille francs*, en numéraire tant français qu'étranger. »

Mensonges ! La note suivante le prouva : « D'après les informations prises auprès de M. Vincent, directeur de l'hôpital de la Pitié, il résulte que sur *soixante-dix* individus qui se trouvaient à l'hospice, il n'a été trouvé *sur eux tous* qu'une somme de *deux francs vingt-cinq centimes.* »

Et le *Peuple Constituant* : « Sur cinquante à soixante prisonniers amenés à la prison de l'Abbaye, on a trouvé à peine de quoi compléter *dix francs.* » Nous voilà loin des centaines de mille francs du *Corsaire* et « des sommes assez importantes » du *Bien public.*

En février, le peuple triomphait : La contre-révolution, matée, célébrait et exaltait ses qualités : « Peuple grand, généreux, magnanime, etc. »

Trop généreux et trop magnanime, hélas ! puisque ses éternels ennemis, qu'il n'avait pas su anéantir à tout jamais, devaient, en juin, le massacrer et le calomnier. Selon les journaux réactionnaires, il y avait parmi les insurgés près de *vingt-deux mille* réclusionnaires et forçats libérés.

Ecoutez le *Constitutionnel* du 27 juin : « Parmi les insurgés tués sur les barricades ou faits prisonniers, on trouve comme on devait s'y attendre la lèpre des forçats libérés et des repris de justice. Sur l'épaule de plusieurs cadavres transportés à la caserne du faubourg Poissonnière, on voit les lettres de la marque, signes indélébiles de la flétrissure morale et de la dégradation civique. Enfin l'enquête judiciaire qui se poursuit sans relâche a reconnu déjà dans les rangs des insurgés, et même au nombre des chefs, *plusieurs centaines* de ces hommes dangereux, ennemis de tout ordre social. »

La *Providence* : « Parmi les blessés insurgés qui sont au Val-de-Grâce, on compte en ce moment *trente-deux forçats marqués*. La peine de la marque étant abolie depuis quelques années, on conçoit que la proportion des repris de justice doit être plus forte encore. »

Le *Drapeau national* : « Un de nos plus habiles praticiens a constaté que, dans un seul hôpital, sur 800 insurgés transportés après avoir été blessés, 400 ont été reconnus pour être des forçats libérés. »

Le *Bien public*, l'estimable journal du non moins estimable M. Eugène Pelletan : « Sur les 7,000 insurgés arrêtés, 3,000 *au moins* sont déjà frappés de diverses condamnations.

« Sur huit morts, ramassés sur la barricade du faubourg Poissonnière, cinq ont été reconnus pour des forçats. Un d'entre eux s'est écrié, en mourant : « Quel malheur de se faire tuer pour dix francs! »

Eh! certainement, monsieur Pelletan, c'étaient là des forçats; des forçats du salariat et de la misère.

Enfin, une adorable historiette du *National* du 30 juin : « Un de ses amis » lui rapporte le fait suivant : « Dans un cabaret où étaient réunis des insurgés, un individu parlant à un autre lui disait : Citoyen...

— Je ne suis pas citoyen, répondit-il.

— Alors, monsieur.

— Je ne suis pas monsieur, appelez-moi *forçat*, c'est mon nom...

Et après cette déclaration, ses acolytes ne se sont pas enfuis.

Qui étaient-ils donc ? »

Est-ce assez joliment trouvé !

A toutes ces billevesées opposons une note publiée, le 1ᵉʳ juillet, par la *Gazette des Tribunaux*, autre journal calomniateur : « *Il y a eu quelque exagération* dans ce qui a été dit et imprimé sur le nombre des forçats et des réclusionnaires libérés qui se seraient trouvés parmi les insurgés.

« Il n'est pas douteux qu'en ces déplorables circonstances comme dans toutes celles où l'ordre et la sécurité publics sont compromis, des repris de justice n'aient tenté de commettre quelques méfaits; mais, jusqu'à ce moment, on n'a pu constater d'une manière positive la présence parmi les insurgés que d'une vingtaine de condamnés correctionnels et l'on n'y a reconnu qu'un *seul forçat* en rupture de ban, nommé Boulard, et un *réclusionnaire libéré*, Clément, dit Longue-Épée. »

Les vingt-deux mille forçats et réclusionnaires s'étaient subitement évanouis.

Les insurgés avaient, disait-on, écrit sur leurs drapeaux : « Pillage ».

Nous avons déjà, plusieurs fois, signalé la singulière façon dont les ouvriers pratiquaient le *pillage*. Mais les boutiquiers idiots craignaient sans cesse pour leurs denrées et leurs marchandises. Dès le 13 mai, un journal satirique avait, dans un spirituel dessin, raillé cette peur ridicule. On bat le rappel, vite un bourgeois, effaré, ferme ses volets. « *Le marchand de cirage*, dit la légende, a peur qu'on ne pille sa boutique! » (*Journal pour rire*.)

Le peuple n'est point pillard; il est, au contraire, lui, l'éternel *pillé*, l'éternel spolié. Le pillage est en honneur ailleurs que chez lui. La *Réforme* annonçait qu'un ancien notaire, M. Outrebon, avait été condamné à deux ans de prison et 1,000 francs d'amende, pour divers abus de confiance formant un chiffre de sept ou huit cent mille francs.

« On l'eût, ajoutait-elle, envoyé peut-être au bagne s'il se fût agi d'un mouchoir de vingt-cinq sous. Nous demanderons volontiers à ceux des clients du notaire Outrebon que préoccupe encore aujourd'hui l'appréhension du pillage, s'ils ont rencontré beaucoup de pillards de sa force dans la dernière insurrection. »

Ces mots de la *Réforme* nous paraissent une excellente riposte aux accusations mensongères portées contre les insurgés de Juin.

Les ouvriers furent accusés d'avoir fait usage de balles empoisonnées et mâchées.

Leurs projectiles, diaboliquement fabriqués avec des procédés inconnus, donnaient des blessures hideuses, inguérissables.

Cette accusation était injuste, mais eût-elle été fondée que nous n'aurions nullement cherché à disculper les insurgés.

La guerre est la guerre; tuer, quels que soient l'arme et le moyen employés, est toujours tuer. Nous laissons les Prud hommes niais respecter les prétendues « conventions » qui réglementent l'entr'égorgement de deux ennemis. « Vous vous tuerez selon les règles. » O hypocrisie des *civilisés!*

Les insurgés de Juin s'étaient tout simplement servis des moyens alors connus.

« Nous considérons, déclare la *Gazette des hôpitaux*, comme un devoir de dire que dans aucune des balles que nous avons extraites ou vu extraire nous n'avons constaté la présence d'aucun poison; les plaies n'ont présenté aucun symptôme des plaies empoisonnées; nous avons vu des balles d'une forme contournée ou faites avec des matières inaccoutumées, telles que le cuivre et le zinc, mais les blessures faites par ces balles ne nous ont pas paru avoir une gravité particulière. »

Au dire de toute la presse puante, les ouvriers faisaient subir aux prisonniers les mutilations les plus hideuses. On voulait surtout rendre furieux les gardes mobiles et les gardes républicains dont on suspectait la fidélité. Aussi, toutes les prétendues atrocités étaient-elles commises sur l'un d'entre eux. Jugez plutôt.

« A la place de l'Estrapade, raconte le *Constitutionnel* du 25, les insurgés avaient fait des prisonniers. Forcés d'abandonner la barricade, les factieux se sont livrés à des actes d'atroce barbarie. Plutôt que de lâcher les prisonniers, ils les ont lâchement assassinés en leur tranchant la tête. *Cinq gardes mobiles* ont été victimes de cet acte de cannibalisme. Un représentant a été, *pour ainsi dire, témoin* d'une de ces exécutions. C'est un homme, *habillé en femme* (!) qui, avec un sabre fraîchement aiguisé, remplissait l'office de bourreau. »

Le même *Constitutionnel*, le 27 juin : « Sur la principale barricade du faubourg Saint-Antoine on voyait, empalé sur un pieu, le cadavre mutilé et éventré d'un *garde républicain* couvert de son uniforme. »

Le 28 juin, nouvelle infamie : « Une femme arrêtée hier avouait, avec une horrible franchise, qu'elle avait tranché la tête à *trois gardes mobiles*. Sur plusieurs barricades, des têtes coupées et coiffées de képis, avaient été placées comme des épouvantails. Enfin une tête, dans la bouche de laquelle on avait coulé de la poix et mis une mèche, a été plantée sur une pique. Cet horrible fanal a été allumé et les misérables qui avaient commis cette effroyable barbarie chantaient autour de ce hideux trophée : « *Des lampions ! des lampions !* »

Les insurgés avaient coupé les pieds d'un dragon et l'avaient replacé mourant sur son cheval. Ceci se passait au clos Saint-Lazare. Ailleurs, *un garde mobile*, toujours, avait été *SCIÉ entre deux planches*. Entendez-vous bien ; scié entre deux planches ! Il est vrai de dire que la femme Hervé, accusée de cet acte de menuiserie paradoxale, fut acquittée, à l'unanimité, par le conseil de guerre.

A toutes ces calomnies, l'historien Daniel Stern va répondre pour nous : « Il est maintenant avéré que les prisonniers faits par les insurgés n'eurent à subir aucun mauvais traitement. D'après les preuves les plus authentiques tirées de l'ensemble des interrogatoires subis, pendant trois mois consécutifs, devant les commissions militaires, d'après les rapports unanimes des maires et des commissaires de police, d'après le témoignage des principaux médecins et chirurgiens attachés aux hôpitaux civils et militaires, entre autres ceux de M. le docteur Peloux, de M. Jacquemin, chirurgien en chef des hôpitaux, de M. le docteur Héréeau, de M. de Guise, chirurgien en chef de la garde nationale, les insurgés ne *commirent aucune des atrocités* qui leur étaient imputées. »

Les soldats étaient ivres au point que leur ivresse semblait présenter les caractères d'un empoisonnement. Beaucoup tombaient foudroyés;

Évidemment, des cantinières leur avaient vendu de l'eau-de-vie empoisonnée !

Plusieurs de ces pauvres femmes furent arrêtées.

Des démons offrirent aux soldats des cigares... Ils étaient empoisonnés !

Les gouvernants crurent devoir mettre fin à ces accès de folie publique. Le *Moniteur* publia la note suivante :

« Quelques journaux ont annoncé que plusieurs femmes avaient été arrêtées au moment où elles vendaient aux soldats de l'eau-de-vie empoisonnée.

« Il est vrai que les arrestations dont il s'agit ont eu lieu, mais il faut ajouter que l'analyse chimique à laquelle il a été procédé par M. Pelouze a constaté de la manière la plus formelle qu'il n'existait aucune substance vénéneuse dans l'eau-de-vie saisie.

. . . .

« Les derniers jours que nous venons de traverser ont été signalés par trop de douloureux évènements pour qu'on ne soit pas heureux de pouvoir démentir de pareils faits. »

Autre invention. Les insurgés avaient voulu incendier la ville. Le *Constitutionnel* annonçait : « A deux pas du cadavre du sieur Laroque, rédacteur du *Père Duchêne* (1), déposé à la mairie du 2ᵉ ar-

---

(1) Benjamin Laroque ne fut jamais rédacteur du *Père Duchêne*.

rondissement, on voyait une pompe saisie sur les barricades de la barrière Rochechouart. Le réservoir de cette pompe était plein d'huile de vitriol, que les insurgés jetaient au visage des défenseurs de l'ordre. A côté de cette pompe se trouvaient quinze bouteilles de fer blanc contenant de l'essence de térébenthine destinée à incendier les maisons. »

Il est inutile de réfuter longuement cette calomnie. Personne n'ignore que l'huile de vitriol (*acide sulfurique*) corrode promptement les métaux qui sont en contact avec elle. Ce liquide ne pourrait rester dans le réservoir d'une pompe ordinaire.

A côté du mot « pillage », les journaux réactionnaires prétendirent avoir vu celui de « viol » sur les drapeaux de l'insurrection. Les ouvriers avaient pris dans les pensionnats les jeunes filles de l'aristocratie. Il les avaient mises nues; puis, pour empêcher les gardes nationaux, leurs pères, de tirer, les avaient placées sur les barricades.

Un ignoble petit journal, le *Lampion* (1) osait écrire : « On a trouvé sur le cadavre d'un socialiste le billet démocratique que voici : *Bon pour trois dames du faubourg Saint-Germain.* »

Ah ! polissons, vous le savez bien, les socialistes ont leurs femmes vaillantes et bonnes, compagnes dévouées. Ils n'envient point vos nobles dames à

---

(1) Le *Lampion*, rédacteur en chef, H. de Villemessant. Cet « *honnête gens* » promettait, on le voit, et il a tenu, en 1871.

la « Vaucanson », parcheminées, badigeonnées, pourries de dévotion et gangrenées par les pratiques de Lesbos!

Terminons cette revue de l'infamie par une amusante historiette. Elle nous est fournie par le *Bien public* du 1ᵉʳ juillet : « Les insurgés qui s'étaient retranchés au Jardin des Plantes ont, dit-on, dévoré, pendant les trois jours de lutte, les oiseaux rares des volières *et détruit toute la faisanderie*; ils n'ont *rien épargné*, pas même les petits oiseaux exotiques (Oh!). Les daims, les cerfs, les bisons et toute la race lanigère ont été abattus, pour faire de la soupe. Les animaux féroces et les singes n'ont été *respectés* qu'après un conseil tenu par les insurgés qui se sont amusés à tirer sur l'éléphant; cet animal, grâce à sa forte cuirasse, n'a pu être blessé. »

Horrible, n'est-ce pas? Nous avouons cependant, — dussions-nous être qualifié de buveur de sang, — ne pas être troublé par ce méfait.

Nous n'avons pas même essayé d'en vérifier l'authenticité. Bien plus, pour notre compte, nous regretterions que les pauvres diables d'insurgés, pour une fois qu'ils en avaient l'occasion, ne se soient pas offert « toute la faisanderie », du daim, du cerf, voire même du bison.

On nous accusera peut-être de ne pas « *respecter* » les habitants du Jardin des Plantes; mais comme nous ne connaissons aucune loi qui nous force à ce respect, nous nous sommes livrés sans retenue à nos passions subversives.

Ces calomnies cyniques, odieuses, grotesques, furent, à quelques jours de distance, désavouées avec une stupéfiante désinvolture pour leurs auteurs mêmes (1).

Le *Constitutionnel* du 1ᵉʳ juillet déclare qu'il ne fallait pas « ajouter foi à ces faits de barbarie, heureusement fort exceptionnels et *souvent controuvés, et dont la publicité ne pouvait faire que du mal* ». — Jésuites! le mal était fait; par vous, par vos manœuvres, toute une population avait été exterminée. Ah! sachez-le bien, nous sommes de ceux qui se souviennent... Les socialistes n'ont rien oublié, rien, et ils ont beaucoup appris.

---

(1) Il nous paraît bon de donner une liste des principaux organes de la presse réactionnaire qui hurlèrent la sanglante répression de juin 1848! Voici les noms : « *Bien Public, Constitutionnel, Corsaire, Drapeau national, Journal des Débats, Droit, Gazette de France, Gazette des Tribunaux, National, Patrie, Providence, Opinion publique, Siècle, Univers, Union, Voix de la Vérité*, etc.

X

LA TUERIE.

Certes, on pilla, on viola, on assassina, on tortura des prisonniers, pendant ces lugubres journées; mais les pillards, les *violeurs*, les assassins, les « *tortureurs* », ce furent les soldats de la réaction bourgeoise. Nous avons montré l'humanité, la générosité, la noble conduite des insurgés. Il nous faut, maintenant, prouver la férocité, la basse fureur, l'infamie des répresseurs. Les preuves abondent, horribles, éclatantes. En les recueillant, une à une, nous nous sommes souvent abandonné à l'indignation et à la colère. Oui, à la colère, car nous n'avons pas pour habitude de pleurer lâchement sur les victimes...

La semaine sanglante de mai 1871 a laissé loin derrière elle, en fait d'horreurs, juin 1848. C'est qu'en matière de répression, comme en tout autre matière, on a singulièrement progressé. Les massacreurs de juin ignoraient la mitrailleuse et ses qualités expéditives. Mais ils firent en conscience leur sanglante besogne. — *On fait ce qu'on peut.* —

Et, en somme, ils méritaient bien de la société bourgeoise.

« Ces tueries d'hommes que l'histoire ne saurait assez flétrir, dit l'historien Léonard Gallois, ces boucheries de prisonniers *qui ravalèrent les soldats français au rang des sauvages de la Nouvelle-Zélande*, furent, sans aucun doute, les causes dominantes qui donnèrent à cette abominable guerre civile le caractère de férocité propre à déshonorer à tout jamais ceux qui s'y livrèrent et ceux qui se les permirent ».

Les gardes mobiles, entre tous, se distinguèrent par leur sauvagerie; c'est qu'ils étaient ignoblement saouls. « Quelques régiments, a écrit Mme Daniel Stern, familiarisés avec les cruelles représailles de la guerre d'Afrique, exaspérés en voyant tomber leurs officiers dont la valeur ne s'était jamais montrée si brillante, fusillèrent dans un premier mouvement de rage, leurs prisonniers ; mais ce furent surtout les enfants de la mobile *qui parurent avides de sang, emportés* « *par l'enthousiasme du carnage* ».

. . . .

« Dans les intervalles du combat, ils fument, *ils boivent du vin frelaté, de l'eau-de-vie,* à laquelle, par bravade, ils mêlent de la poudre. Ces boissons, ces excès de toute sorte, les jettent dans une allégresse farouche. Quand ils apprennent que l'état de siège est proclamé, *ils s'imaginent qu'ils ont le droit de tuer sans merci.* Sourds à la voix de leurs chefs, ils n'écoutent plus qu'un instinct sauvage. Les cris, les supplications de leurs prisonniers les excitent à des rires affreux ; la face humaine ne leur impose plus ; *ils deviennent plus semblables à des animaux de proie qu'à des hommes.* »

Et H. Castille : « *Ivre d'eau-de-vie et de poudre*, conduite par des chefs qui songeaient à voir confirmer leurs grades dans les cadres réels de l'armée, elle (la garde mobile) devait accomplir des prodiges d'audace. Mais *la moralité du soldat* (?) n'existait pas en elle ; *la férocité la plus déplorable* devait presque partout souiller ses actes de courage.

. . . .

« Ces petits hommes à épaulettes vertes *ressemblaient à des fouines trempant le museau dans le sang.* »

« Excitée par trois jours de combat, *par la vue du sang et par l'usage du tabac et de l'eau-de-vie à laquelle elle mêlait de la poudre*, la garde mobile avait perdu tout sentiment d'humanité. »

Les gardes nationaux, rendus furieux par la crainte du pillage, massacrèrent, eux aussi, sans pitié. « La peine de mort étant abolie en matière politique, a écrit M. Alexandre Weill (*Dix mois de révolution*), les vainqueurs au lieu de faire des prisonniers fusillaient à qui mieux mieux. J'ai sauvé deux de ces malheureux de la fureur des gardes nationaux, bonnetiers, chaussetiers, papetiers et autres gens de la même farine, *des sauvages!* »

« Des gardes nationaux qui, pendant le danger, s'étaient éclipsés, du moins furent-ils invisibles, tiraient maintenant à droite et à gauche sur les malheureux vaincus. Ils arrêtaient tout, hommes, bêtes et choses. »

Les gardes nationaux des départements, véritables chouans qui étaient venus à Paris, les curés en tête, fusillaient stupidement tous les porte-blouses. Ils tuèrent ainsi beaucoup de pauvres diables qui s'étaient battus contre l'insurrection. Ces dernières victimes devaient, sans doute, alors qu'elles tombaient, regretter amèrement d'avoir abandonné leurs compagnons insurgés. Ces traîtres étaient terriblement châtiés par leurs alliés d'un moment; nous ne les plaindrons pas.

Longue est la série des assassinats, des atrocités, des égorgements commis par les soldats, les gardes mobiles, les gardes nationaux de Paris et ceux de la province. Quelque douloureux, néanmoins, que soit pour nous un pareil sujet, nous le poursuivrons jusqu'au bout. Le lecteur va nous suivre dans les rues de Paris, transformées en un immense abattoir humain. Nous ne ferons grâce aux égorgeurs d'aucun cadavre; tous les spectres se dresseront (1).

Dès la première nuit de la bataille, le massacre fut organisé au Luxembourg. Les insurgés prisonniers étaient amenés par vingt. On les faisait mettre à genoux, puis on les fusillait. Après ces exécutions, le jardin resta fermé pendant quinze

---

(1) Les faits qui vont suivre ont été recueillis dans les documents officiels, dans les journaux de l'époque, dans les diverses histoires. Déclarons, une fois pour toutes, que nous devons beaucoup aux *Episodes des journées de juin* par Pardigon et au *Prologue d'une révolution* de Louis Ménard.

jours. Il fallait bien cacher les nombreuses mares de sang qui témoignaient de l'hécatombe.

Le 23, les barricades du parvis Notre-Dame prises, un forcené se précipitait sur les civières où se trouvaient les blessés dirigés sur l'Hôtel-Dieu. Il achevait les ouvriers à coups de sabre.

Rue de Vaugirard, sur l'emplacement de l'ancienne prison politique, trente-neuf prisonniers furent fusillés.

Après la prise du Panthéon, nous l'avons déjà dit, on fusilla beaucoup de prisonniers, sur place. Plusieurs insurgés trouvèrent un refuge dans une maison. Un étudiant qu'on voulait forcer à indiquer leur retraite, fut pendant une demi-heure percé à coups de baïonnette. Place de l'Estrapade, un prisonnier fut assommé à coups de crosse de fusil.

Rue des Noyers, les mobiles suspendent par les pieds, à un réverbère, un malheureux insurgé qu'ils s'amusent à tirer à la cible. Ces mêmes mobiles pillent le marché des Carmes, et, place Maubert, ils VIOLENT des femmes sur les cadavres de leurs maris. Cette hideuse orgie dans le sang eut lieu, en plein jour... dans le Paris du moyen âge, sans doute?... Eh! non, dans le Paris du XIXe siècle!

Les ouvriers pris rue des Noyers et rue Saint-Jacques furent conduits au poste de l'Hôtel de Cluny, pour y être fusillés. Un de ces malheureux fut atteint, place du cloître Saint-Benoît, par dix coups de fusil. Comme il restait debout, on lui envoie une seconde décharge. Il tombe, puis se relevant: « Je ne suis pas mort, allez! » Un coup de fusil à bout portant fait voler sa cervelle en éclats.

Un vieillard blessé, que l'on allait fusiller devant l'Hôtel de Cluny, demande grâce aux assassins. Un sergent de la ligne tente de le sauver. Il est fusillé avec le vieillard. — *Un gamin de douze ans*, pauvre petite créature affolée, ne voulait pas mourir : « Oh! ne me tuez pas, ne me tuez pas ! » Il ne peut achever et tombe mort.

Voici maintenant des dépositions faites devant la Commission d'enquête. M. Edmond Adam: « On a fusillé des prisonniers sans qu'il ait pu l'empêcher. »

M. Berryer: « En revenant, et je crois à la hauteur de la rue Saint-Fiacre, je vis deux hommes que l'on venait d'arrêter et que l'on voulait fusiller. Venez, me dirent quelques personnes, pour empêcher qu'on ne les fusille. Je m'approchai en disant: « Ce sont des prisonniers, *il faut les épargner; on peut obtenir d'eux des renseignements.* »

M. Lefèvre, inspecteur des prisons « a vu des hommes tués à coups de baïonnette et de sabre. Son opposition a été très vive. On l'a menacé; il a sauvé deux ou trois cents individus; M. Flottard pourra l'attester. C'était la garde mobile qui agissait ainsi. »

Dans le cours de l'affaire Bréa (audience du 1ᵉʳ février 1849) M. Mathé, représentant du peuple, raconta l'assassinat de Raguinard, fusillé rue Soufflot.

« M. Mathé avait été conduit sur le lieu de l'exécution par le capitaine qui la commanda.

« Indigné de cet assassinat, il le dénonça à l'Assemblée nationale. Il pria le général Cavaignac de faire cesser ces atrocités. Le général répondit que *ses ordres seraient inutiles.* »

Rue de Tournon, à la caserne des gardes républicains, beaucoup de prisonniers étaient enfermés. De temps en temps les gardes nationaux survenaient, en prenaient quelques-uns et les fusillaient. La terreur et l'épouvante gagnèrent les prisonniers qui se cachaient où ils pouvaient. A la fin, les gardes républicains, écœurés, s'opposèrent à ces lâches exécutions. Ils refusèrent de livrer les prisonniers. Les gardes nationaux voulaient fusiller encore ; une lutte faillit s'engager entre ces féroces boutiquiers et les gardes républicains.

Quand les massacreurs étaient las de fusiller, ils jetaient les prisonniers à la Seine. Au pont Louis-Philippe, plus de quarante insurgés furent noyés, pieds et poings liés.

Au quai de l'Hôtel-de-Ville, les mobiles jetaient les prisonniers à l'eau, puis tiraient dessus. Mais les victimes tombaient souvent sur la berge ; d'autres mobiles, postés là, les recevaient à coups de fusil. Un prisonnier, homme d'une grande vigueur musculaire, se met à résister ; un mobile lui plonge sa baïonnette dans la nuque. Aux hurlements poussés par ce malheureux, les mobiles qui assistaient du quai à cette horrible scène, pris de pitié, demandent grâce pour lui. Vingt-sept forcenés s'acharnent sur son corps à coups de crosse de fusil et de baïonnette.

Deux représentants se trouvaient sur la place de l'Hôtel-de-Ville. Passe un convoi de prisonniers.

« Que faut-il en faire ? » demande l'escorte.

— « Fusillez! fusillez! » répondent ces bons législateurs. Et l'on fusilla.

Beaucoup de prisonniers furent amenés à l'Hôtel-de-Ville, où on les jetait dans les caveaux.

Violemment poussés, ils roulaient jusqu'au bas d'un escalier de trente-deux marches. Là, dans les ténèbres, ils étaient dans l'eau jusqu'aux genoux. Aucune nourriture; plusieurs restèrent soixante heures sans manger. Comme ils réclamaient, on tira au hasard, par les soupiraux. Le sang mêlé à l'eau bourbeuse, la puanteur des cadavres ajoutaient au supplice des survivants. Souvent des prisonniers retirés de cet enfer étaient amenés devant un tribunal d'officiers. Tous ceux qui avaient les mains noires étaient condamnés. — « *Faites-les passer par là* » ou « *Donnez-leur de l'air* » disait le tribunal; et les insurgés, ainsi désignés pour le massacre, on les poussait dehors et on les fusillait. La cour et la salle Saint-Jean regorgeaient de monticules de cadavres. Des ruisseaux de sang coulaient sur le quai.

A la barrière Fontainebleau, neuf insurgés s'étaient réfugiés chez un marchand de vin; on les fusilla. Le marchand de vin coupable de leur avoir donné asile fut dépecé à coups de sabre.

Rue Culture-Sainte-Catherine, des gardes nationaux de la 1re légion s'amusaient à tirer sur les passants. Ils tuèrent une femme qui portait un enfant dans ses bras.

Dans un angle de la place Saint-Jean, quarante-neuf prisonniers étaient gardés par des soldats. Survient un officier de mobiles. Il reconnaît, prétend-il, un homme qui a tué son capitaine. Il prend le fusil d'un soldat; celui-ci se refuse à le livrer, mais il promet de tirer au commandement de l'officier. « Feu! » Deux feux de peloton retentissent. Les assassins, pour achever les victimes, tirèrent ensuite plus de deux cents coups de fusil. Le digne et vaillant officier courut se vanter de son courageux exploit auprès d'un représentant.

Des femmes, pendant ce massacre, avaient applaudi, penchées aux fenêtres des maisons voisines. Douces et charmantes personnes, élevées sans doute à l'ombre du confessionnal...

Rue Saint-Séverin, les gardes mobiles envahirent une maison d'où l'on avait tiré sur eux. Ils jetèrent les prisonniers par les fenêtres, en disant : « *Les malheureux! ils ne valent pas un coup de fusil.* »

Les ouvriers faits prisonniers au clos Saint-Lazare furent conduits soit à la caserne Poissonnière, soit à la caserne Saint-Martin. A la caserne Poissonnière, on les fusillait. A la caserne Saint-Martin, qui se trouvait dans un quartier déjà « *pacifié* », on jugea que le bruit de la fusillade pourrait effrayer les bons bourgeois et troubler leur digestion. Donc, on se mit à dépecer les prisonniers à coups de sabre et de hache. Touchante sollicitude à l'égard de la bourgeoisie.

Impasse Ménilmontant, devant le numéro 16, un insurgé blessé fut fusillé par les gardes nationaux, Ces enragés s'acharnèrent sur le cadavre. Ils l'étendirent sur de la paille, et le GRILLÈRENT! Paris eut ses cannibales.

« D'autres gardes nationaux — M. H. Castille
« a vu ce spectacle fait pour dégoûter de l'espèce
« humaine — passaient une corde au coup de
« leur victime, et, marchant à grands pas, l'entraî-
« naient comme un bœuf qu'on mène à l'abattoir. »

Place de la Bastille, on fusilla de nombreux prisonniers. Un enfant de quatorze ans demandait grâce. Un mobile moins féroce que ses camarades veut le sauver. Mais les autres tuent le gamin à coups de baïonnette : « Tiens, voilà ta grâce ! »

Rue Racine, un capitaine de la garde nationale voulut sauver deux prisonniers et les prit par le bras. Des gardes nationaux les lui arrachèrent et lui-même fut assommé par derrière d'un coup de crosse de fusil.

Rue des Mathurins, deux gardes nationaux emmenaient un prisonnier: « Vous êtes bien bons de prendre cette peine, leur crie un camarade, fusillez donc ça ! » Le conseil fut entendu par un mobile qui déchargea à bout portant son fusil entre les deux épaules du prisonnier.

La bourgeoisie était tout entière prise d'une sauvage fureur. Un vieillard, portant un parapluie, suivait une compagnie de gardes nationaux. Chaque fois qu'il passait à côté d'un insurgé, mort ou blessé, il tombait dessus et le frappait à coups de parapluie. Enfin, un garde national, indigné de tant de férocité, tua l'ignoble vieillard d'un coup de fusil dans les reins.

Les vainqueurs, dans leur rage de tuer, massacrèrent beaucoup de gens qui n'avaient pris aucune part à l'insurrection. Dans une maison de la rue Saint-Paul, un vieillard *fut fusillé dans son lit*. Rue Saint-Antoine, on fusilla un autre vieillard impotent, employé à la colonne de Juillet. Rue des Amandiers-Popincourt, on fusilla un père de quatre enfants qui demandait grâce; rue Culture-Sainte-Catherine, un garçon de café, un portier, rue Cloche-Perce; un autre portier, rue du Faubourg-du-Temple. Les mobiles trouvèrent que ce dernier malheureux « *était assez vieux pour faire un mort.* » Dans cette même rue, ils fusillèrent un garde national « *ami de l'ordre* » qui rentrait chez lui, et qui avait peut-être, lui aussi, assassiné des prisonniers. Sa mort ne saurait nous toucher.

Les gardes nationaux de province voyaient un insurgé dans tout individu vêtu d'une blouse. Au faubourg Saint-Denis, la garde nationale de Pontoise tira sur une compagnie de gardes nationaux de Paris. Ils étaient en blouse !

Quai des Tuileries, des gardes nationaux de la banlieue, voulurent fusiller un ouvrier en blouse.

Un représentant l'arracha à ces brutes. Mais, plus loin, l'homme fut repris et fusillé.

Rue des Mathurins-Saint-Jacques, on tirait sur tous les passants vêtus d'une blouse. Le docteur Deville voulut sauver un vieillard et manqua lui-même d'être tué. Le vieillard en blouse tomba à ses pieds, foudroyé par une décharge.

Madame George Sand, dans la préface de *Cadio*, a raconté un de ces exploits des gardes nationaux de province :

« Aux journées de Juin de notre dernière Révolution, la garde nationale d'une petite ville que je pourrais nommer, commandée par des chefs que je ne nommerai pas, partit pour Paris sans autre projet arrêté que de rétablir l'ordre, maxime élastique à l'usage de toutes les gardes nationales, quelle que soit la passion qui les domine. Celle-ci était composée de bourgeois et d'artisans de toutes les opinions et de toutes les nuances, *la plupart honnêtes gens*, d'humeur douce et pères de famille. En arrivant à Paris, au milieu de la lutte, ils ne surent que faire, à qui se rallier, et comment passer à travers les postes, sans être suspects aux uns, écrasés par les autres. Enfin, vers le soir, rassemblés dans un poste qui leur était confié, ils arrêtèrent un passant qui, *pour son malheur, portait une blouse*; ils étaient deux cents contre un. Sans interrogatoire, sans jugement, ils le fusillèrent. Il fallait faire quelque chose pour charmer les ennuis de la veillée. Ils étaient si peu militaires, qu'ils ne surent même pas le tuer; étendu sur le pavé, *il râla jusqu'au jour, implorant le coup de grâce.*

« Quand ils rentrèrent triomphants dans leur petite cité, ils avouèrent qu'ils n'avaient fait autre chose que d'assasiner un homme *qui avait l'air d'un insurgé.* Celui qui me raconta le fait me nomma l'assassin principal, et ajouta: « Nous n'avons pas osé empêcher cela. »

« Voilà pourtant un fait historique des mieux caractérisés; il résume et dénonce une époque; aucun journal n'en a parlé: aucune plainte, aucune réflexion n'eût été admise. La victime n'a jamais eu de nom, le crime n'a pas été recherché, l'assassin a vécu tranquille, les bons bourgeois et les bons artisans qui ont laissé déshonorer leur campagne à Paris se portent bien, vont tous les jours au café, lisent leurs journaux, prennent de l'embonpoint et n'ont pas de remords.

« Ceci est une goutte d'eau dans l'océan des atrocités que soulèvent les guerres civiles. Je pourrais en remplir une coupe d'amertume. »

Tamisier, le célèbre voyageur, fut arrêté *parce qu'on avait construit des barricades devant sa maison,* au faubourg Saint-Martin. Il fut, avec plusieurs autres prisonniers, conduit à l'ancienne caserne de la garde municipale. Pendant le trajet, on voulait les fusiller. Un officier de la ligne *réclamait la faveur* de passer son épée au travers du corps de Tamisier, *« le chef de la bande. »* Un officier supérieur de la garde nationale parvint à sauver Tamisier. Les autres furent fusillés dans la cour de la caserne.

On fusilla *trente-cinq prisonniers* dans une cour de la rue Vieille-du-Temple; *vingt*, rue Cloche-Perce; *quatre-vingts*, rue de la Roquette; *soixante-quinze*, rue de l'Hôtel-de-Ville; *trente-neuf*, rue de Vaugirard; *dix-sept*, en face la caserne Popincourt; *neuf*, au pont d'Austerlitz; *dix-neuf*, sur l'esplanade voisine; *dix*, à la barrière de Fontainebleau; *quarante*, à la caserne de Reuilly; *cent*, à la prison Saint-Lazare.

Au fort de l'Est, les prisonniers furent transférés dans la nuit sous une pluie battante. Ils ne purent pendant vingt-quatre heures, avoir, même avec de l'argent, le pain et l'eau. A leurs plaintes, on répondait par les menaces et les rires. On chargeait les canons sous leurs yeux; on les braquait sur eux. Délicieux passe-temps.

Au fort de Bicêtre, le massacre dura huit jours. — Comme les prisonniers entassés dans une cave se plaignaient du manque d'air: « *On va vous donner de l'air* », leur fut-il répondu. On les fait descendre dans une autre cave, aux murs épais et sourds, et ils sont fusillés, ou plutôt « on leur donne de l'air, » comme disaient leurs aimables assassins.

On fusilla notamment rue Saint-Antoine, rue des Amandiers, avenue Parmentier, rue de Jouy, à l'Arsenal, à la caserne de l'Ave-Maria, place Lafayette, à la caserne Poissonnière, au Luxembourg, au Panthéon, à la place de l'Estrapade, à la place Saint-Michel, au pont Louis-Philippe, au pont d'Arcole, à l'Hôtel-de-Ville, rue des Mathurins-Saint-Jacques, à la caserne du Foin, au coin des rues Ménilmontant et Saint-Louis, faubourg du Temple, carrière Montmartre, avenue de Reuilly, aux glacis de Vincennes, au buttes Piat, à Belleville, etc., etc.

Au cimetière du Père-Lachaise, les gardes mobiles fusillaient des femmes et des enfants qui s'y étaient réfugiés. Ils voulaient aussi tuer un fossoyeur. — Dans le petit bois voisin du passage Ronce, on fusilla des hommes *sans armes*. Leurs mains avaient le tort de *sentir la poudre*.

La caserne de la rue des Grès fut un des principaux lieux de massacre. Un habitant de la rue causait avec le commandant de la caserne. Il entendit une décharge. «Voilà les insurgés qui reviennent, fit-il au commandant. — « *Ceux-là ne sont plus à craindre* », répondit celui-ci. Dans la nuit, on entendit plusieurs autres détonations.

Les soldats, ces glorieux *sauveurs de la civilisation*, bien que fort occupés à fusiller des prisonniers désarmés, n'oubliaient ni le VIOL ni le PILLAGE. Admirable armée! Le faubourg Saint-Jacques fut mis à sac; des femmes furent violées. — Au faubourg Saint-Antoine, les mêmes scènes se répétèrent. Les gardes mobiles y violaient les femmes, en leur promettant le salut des maris. Tout forban est doublé d'un jésuite. Dans une maison de la rue de Charenton, les mobiles violèrent trois femmes et les jetèrent ensuite par la fenêtre.

Des gardes nationaux de province se trouvaient aux Tuileries. Dans le jardin, au caveau de la terrasse du bord de l'eau, quinze cents prisonniers étaient entassés. Par une chaleur accablante, dans une boue infecte, sans pain et sans eau, ces malheureux éprouvaient les plus horribles tortures. Plusieurs burent leur urine. Ces prisonniers, avides d'air et de lumière, se disputaient les places voisines des soupiraux. Les factionnaires tiraient sur eux, à bout portant. Un insurgé, qui avait laissé sa femme près d'accoucher, accoudé sur la lucarne, songeait à son infortune. Être séparé de sa femme en pareil moment! « Mon Dieu! mon Dieu! » s'écrie-t-il! — Une balle, qui l'atteint à la tête, l'étend raide mort.

Un autre malheureux demandait du pain. « En voilà » répond un garde national, et il lui loge une balle dans la tête.

Pendant deux nuits, on entendit à intervalles réguliers des roulements de tambour; puis des feux de peloton. Les cris et les plaintes des victimes parvenaient jusqu'aux prisonniers. Plusieurs d'entre eux, épouvantés, se pendirent, d'autres devinrent fous, beaucoup eurent les cheveux blanchis en une nuit.

Que les gardes nationaux aient tiré par les soupiraux sur les prisonniers, cela fut attesté par M. de Guise, chirurgien en chef de la garde nationale dans sa déposition devant la Commission d'enquête : « J'ai examiné le caveau dans lequel étaient placés les insurgés aux Tuileries et j'ai reconnu les dangers de l'état sanitaire de cette agglomération d'individus et de morts, *par suite de l'ordre qu'avaient les gardes nationaux de tirer sur ceux qui ébranleraient les barreaux des fenêtres.* »

On amène aux Tuileries un vieillard tremblant et pleurant. Il n'était pas un insurgé, lui; il était venu « à Paris pour voir son fils. Qu'est-ce qu'on lui voulait donc? » Un garde national lui décharge son fusil sur l'épaule; un deuxième le renverse d'un coup de fusil; un troisième l'achève d'une balle : « *Je pourrai au moins dire*, s'exclame ce vaillant boutiquier, *que j'ai tué un oiseau dans sa cage.*»

Mais les massacreurs avaient compté sans la peste qui les força, malgré eux, à tirer de là les prisonniers. L'infection était telle que, par crainte du typhus, une Commission fut nommée, pour prévenir toute épidémie. Il eût fait beau voir le châtiment des vainqueurs naître des souffrances des vaincus. Quand M. de Cormenin, le président de cette Commission, eut descendu quelques marches, il ne put aller plus loin. L'asphyxie le prenait à la gorge. Les prisonniers furent transférés à l'Ecole-Militaire; les fous furent fusillés.

A l'Ecole-Militaire, les prisonniers n'étaient pas mieux traités. — Un officier reçoit deux cent cinquante prisonniers. Il dit : « que *le lendemain il n'en sera plus question.* » — Pendant plusieurs nuits, les habitants du quartier entendirent de nombreux feux de peloton,

Dans une cave de l'Ecole, des prisonniers étaient entassés. Ils n'avaient ni pain ni eau. Ces malheureux se plaignent. Un officier entend. « Qui se plaint ?

— « Nous avons faim, du pain !... »

— Attendez !

Et le misérable prend le fusil du factionnaire.

Il tire, un prisonnier tombe.

— « Qui a encore faim ? je vais le servir, » ricane cette brute.

Les prisons étaient encombrées; on transféra des prisonniers aux forts. Les soldats avaient ordre de faire feu, pendant le trajet, au moindre cri poussé par les prisonniers. Ceux-ci, enchaînés comme des forçats, souvent sans chaussures, faisaient la route à pied, poursuivis par les injures des habitants de la banlieue qui excitaient les soldats à fusiller sur le champ.

Au fort de Romainville, un prisonnier, un vieillard, *priait Dieu*. (pauvre homme !) Le factionnaire tira sur lui, et le vieillard tomba en criant: « Mon Dieu ! ma fille !... » On récompensa l'assassin en le faisant passer dans une compagnie d'élite. Certes, il le méritait. — Au même fort, un prisonnier se tenait devant les barreaux, *pour prendre l'air*. On ordonne au factionnaire de faire feu. Il refuse. Il est puni de quatre jours de cachot. Il faut de la discipline...

Dans une casemate, des enfants étaient renfermés. Il y eut des prisonniers *de moins de treize ans*.

Un de ces petits respirait, cramponné à la grille d'un soupirail. Un coup de fusil l'abat. Dans une autre casemate, deux coups de fusil tuent un prisonnier.

Au fort d'Ivry, on jeta les prisonniers dans les carrières où ils étaient dans l'eau jusqu'aux genoux. Cette eau dont les chevaux ne voulaient pas, leur fut donnée à boire. Plusieurs moururent.

Au fort de Rosny, les prisonniers étaient forcés aux corvées. Pour se nourrir, ils avaient un peu de soupe, une boule de son. Leur lit? un quart de botte de paille.

La fureur de la répression poursuivit les vaincus jusque dans les hôpitaux et les ambulances. — Des forcenés se présentèrent à l'ambulance de l'hôtel de Cluny. Ils voulaient fusiller tous les insurgés blessés qui s'y trouvaient. Le médecin refusa de les livrer et manqua d'être fusillé lui-même.

Dans les hôpitaux, les gens de service gardaient tous leurs soins pour les blessés de la garde nationale. Les ouvriers pouvaient bien « crever » comme ils voudraient. Plusieurs de ces malheureux furent attachés sur leur lit avec des cordes. Une sentinelle, baïonnette en avant, parcourait les couloirs. On juge de l'effrayante mortalité qui résulta de ce singulier mode de traitement. A l'hôpital Saint-Louis, par exemple, parmi les insurgés il mourut *un blessé sur six*.

Partout les prisonniers étaient en butte au railleries, aux sarcasmes des vainqueurs; les beaux esprits de corps de garde les harcelaient de leurs lâches quolibets. — Le 3 juillet, on retira des caves de l'Ecole-Militaire des prisonniers pour les conduire à la préfecture ; ces hommes étaient liés quatre à quatre par les mains. Ils avaient faim ; on leur apporta de la soupe dans des écuelles. Manger les mains liées est peu facile ; ces obscurs martyrs furent obligés de se mettre à plat ventre et de se traîner jusqu'à leur « *pâtée.* » Et MM. les officiers d'éclater de rire à ce réjouissant spectacle. « *C'est le socialisme mis en pratique.* » raillaient ces goguenards.

Vaillants guerriers, je vous le dis en vérité, quand « le socialisme sera mis en pratique », toute votre ferblanterie n'aura plus grande valeur et vos grands sabres seront mis bien au-dessous du pacifique rasoir du plus humble *frater* de village. A railleur, railleur et demi.

Pendant la bataille, soldats et gardes nationaux tiraient sur toutes les fenêtres, fermées ou non. Un rideau remuait-il à une croisée, un volet s'entrouvait-il, la maison était aussitôt criblée de balles. Nombreuses furent les victimes de cette sauvage tactique. Ecoutez plutôt : « Un des nôtres
« qui a fouillé deux ou trois de ces maisons, y a
« trouvé de pauvres familles couchées à plat ventre
« sous les lits et les meubles, presque folles de
« terreur, et qui se croyaient au moment d'être
« massacrées. Dans une de ces maisons, on a
« compté jusqu'à *sept cadavres d'insurgés* ! » (*Relation d'un garde national.*)

Pendant plusieurs jours, des tombereaux et des tapissières furent occupés à charrier les cadavres dans les cimetières. Des traces de sang marquaient la route de ces sinistres corbillards. Aux cimetières, les morts étaient jetés dans des tranchées profondes, mais vite comblées; sur les cadavres entassés pêle-mêle, quelques pelletées de terre, et tout était dit. Des femmes, des mères, des filles d'ouvriers étaient là, qui tremblaient de reconnaître les « aimés » absents, depuis le 23.

La Morgue regorgeait de cadavres recueillis dans la Seine. Une foule anxieuse allait visiter cette navrante exposition d'épaves humaines.

Les journaux anglais évaluèrent à *cinquante mille* le nombre total des morts parmi les insurgés et les répresseurs; ce chiffre semble exagéré. Le préfet de police, Trouvé-Chauvel, dans sa déposition devant la commission d'enquête, porta à *trois mille trente-cinq* le nombre des tués et des blessés de l'insurrection. « Les évaluations les plus impartiales, dit M. H. Castille, le font monter à *douze mille*. » M. Louis Ménard, d'autre part, nous apprend que *quatre à cinq cents* insurgés seulement furent tués sur les barricades. ONZE MILLE CINQ CENTS insurgés — des prisonniers — avaient donc été lâchement assassinés. C'était l'extermination préméditée et systématique de toute une classe. La bourgeoisie de 1871 a mieux fait les choses, et les douze mille cadavres de juin 48 font piètre figure à coté des cinquante mille de la semaine sanglante. Mais aussi quel pas immense a fait la « science de la répression ! » Et cette science progressera sans cesse, croyez-le bien, jusqu'au jour où.....

Le soldat Cavaignac disait, le 26 juin, dans une jésuitique proclamation à la garde nationale et à l'armée: « Ce matin encore l'émotion de la lutte était légitime, inévitable ; maintenant soyez aussi grands dans le calme que vous l'avez été dans le combat. *Dans Paris, je vois des vainqueurs et des vaincus ; que mon nom reste maudit, si je consentais à y voir des victimes.* »

Maudit, dictateur Cavaignac, votre nom l'est à jamais ! Il est écrit dans l'histoire, en lettres de sang, à coté de ces autres noms exécrés : Thiers et Bonaparte. Juin 1848, décembre 1851, mai 1871 : trio lugubre de dates sanglantes. CAVAIGNAC, BONAPARTE, THIERS : trio lugubre de bourreaux jurés des répressions bourgeoises et tricolores.

Dans la nuit du 27, un lugubre incident augmenta le nombre des victimes. Quatre cents prisonniers, qu'on avait retirés des cavaux des Tuileries, traversaient la place du Carrousel. Ils étaient escortés par des gardes nationaux. Ces derniers avaient parmi eux une compagnie du Nord et une compagnie du Loiret. Comme prisonniers et gardes nationaux arrivaient au milieu de la place, une fusillade retentit. Les prisonniers croient que c'en est fait d'eux. Ils se jettent à terre, et, prenant aux jambes les gardes nationaux, cherchent à les renverser. Les gardes nationaux, faciles à prendre peur et croyant à une tentative d'évasion, tirent au hasard des coups de fusil. A leur tour, les postes des Tuileries se voient attaqués. Ils font feu sur l'escorte et les prisonniers, qui reçurent des balles de quatorze points différents.

Cette panique couvrit la place de nombreux cadavres. Une centaine de blessés furent transportés aux Tuileries.

La fusillade qui effraya les prisonniers avait éclaté dans un coin du Carrousel. On fusillait, à l'ancien manège des pages, d'autres malheureux. Le peintre Jeanron, directeur des Musées, fut éveillé par le bruit de cette exécution qui se faisait sous ses fenêtres. Quelques instants après, M. Jeanron, à peine vêtu, descendit dans le manège; il vit un énorme tas de cadavres. Il put compter jusqu'à quatre-vingt-trois ouvriers fusillés.

Quatre prisonniers, qui étaient parvenus à s'échapper, se réfugièrent dans des chantiers de bois voisins du Louvre. Le jour venu, des femmes les y découvrirent et les dénoncèrent à des gardes nationaux.

Toujours généreux, ces boutiquiers les lardèrent à coups de baïonnette durant une demi-heure. Les quatre pauvres diables étaient morts... et leurs assassins les frappaient encore.

La plupart de ces assassinats furent courageusement relatés et flétris par M. Louis Ménard dans son *Prologue d'une révolution*. Cet ouvrage parut d'abord dans le journal le *Peuple* (de Proudhon). Dans le numéro du 2 avril 1849, M. Louis Ménard publia les *Pièces justificatives*, dans lesquelles il donnait les noms de ceux qui avaient assisté aux massacres. — Le 5 avril, M. Ménard fut condamné par la cour d'assises à quinze mois de prison et à mille francs d'amende.

Au cours de sa publication en feuilleton dans le *Peuple*, le *Prologue d'une révolution* fut violemment attaqué par la presse réactionnaire. De là, une lettre de M. Ménard au secrétaire de la rédaction du *Peuple*:

« Citoyen,

« On m'a apporté aujourd'hui un journal carliste qui attaque dans un style des halles le feuilleton que je publie dans votre numéro du lundi.

« Je vois qu'il n'est pas de plus mortelle injure pour certaines gens que le récit de leurs actes; mais je dois vous dire que je n'ai pas avancé un fait que je ne sois en mesure de prouver. Je n'ai reçu que deux observations sur ce que j'ai raconté jusqu'ici. Un capitaine de mobiles est venu contester quelques-unes des fusillades du quartier Saint-Jacques en en confirmant d'autres, sans toutefois vouloir adresser au journal une rectification signée; d'autre part un insurgé m'écrit que les barricades du faubourg Saint-Denis contenaient moins de bonapartistes que je ne l'avais avancé, et m'a prié de rectifier ce fait pour l'honneur de sa barricade.

« Il y a loin de là aux démentis donnés chaque jour par les conseils de guerre aux atroces calomnies publiées dans les premiers jours de juillet, par certaines feuilles que la pudeur me défend de nommer.

« J'invite MM. les royalistes à ne pas insister sur une polémique dont le résultat pourrait être une enquête qui ne tournerait pas à leur avantage. Qu'ils me fusillent, c'est plus sûr et c'est leur métier.

« Salut et fraternité.

« Louis Ménard. »

(*Peuple* du 7 février 1849).

D'autre part, un citoyen adressait à l'*Opinion publique* qui refusait de l'insérer, la lettre suivante :

« Monsieur,

« C'est à tort que vous éprouvez une si vive indignation en signalant dans le feuilleton du *Peuple* le récit des événements de Juin, car il est au-dessous de la vérité. A mon tour, je vais vous rapporter quelques faits, et vous comprendrez, j'en suis sûr, que si vous vous borniez à les déplorer, vous serviriez mieux votre cause qu'en les niant.

« Vous allez me supposer républicain rouge ; eh bien ! je vous assure qu'il n'en est point ainsi.

« Demandez au concierge du Grenier d'abondance si une trentaine d'individus ne furent pas pris le 24 juin, dans les petites maisons rouges, à l'embouchure du canal dans la Seine, et fusillés sur le pont d'Austerlitz, quoique beaucoup de ces malheureux eussent été arrêtés sans armes.

« Informez-vous dans la rue Sainte-Avoie et dans tout le quartier de ce qui s'est passé. — Après l'invasion des prisonniers sur la place du Carrousel, il a été fusillé de trente à quarante individus par la garde marine, près les rues de Chartres et des Ecuries, et cela près d'une heure après que l'on s'était reconnu.

Des individus qui avaient été arrêtés près du boulevard des Italiens, parce qu'ils fuyaient, furent ramenés là et fusillés sans que personne eût constaté leur identité.

« Le mercredi matin 23, à six heures, on a fusillé six hommes le long des murs du cimetière Montmartre. J'étais alors dans ce cimetière, occupé à chercher un ami tué dans les rangs de la garde nationale; j'ai vu les cadavres des suppliciés chauds et palpitants.

« Le neveu de mon fruitier, jeune homme de seize ans, a été fusillé parce qu'on a trouvé des balles dans sa poche. A la caserne Bonne-Nouvelle on a assassiné des prisonniers dans les bras d'hommes de cœur, qui s'indignaient de pareilles cruautés et voulaient les empêcher.

« Hélas! monsieur, le sang appelle le sang. »

« QUÉTIN. »

(*Peuple* des 26-27 février 1849.)

XI

LES PERQUISITIONS. — LES ARRESTATIONS

Heureux les morts ! ils n'eurent pas à subir les humiliantes tortures, les lâches vexations, les basses moqueries réservées aux insurgés qui échappèrent au massacre.

Ceux-là, d'horribles souffrances les attendaient: perquisitions, arrestations, longues journées de prison avec l'idée de la femme et des enfants sans pain, brutalités des geôliers, promenades dans Paris, mains liées, entre deux haies de soldats, interrogatoires dérisoires, transportation sans jugement, « *justice* » des conseils de guerre et souvent le bagne.

Pendant la bataille, à chaque fois qu'un quartier était repris par la troupe, soldats, mobiles et gardes nationaux se précipitaient dans les maisons et arrêtaient tous les habitants indistinctement.

Les perquisitions suivaient, agrémentées de vols et de rapine. Plusieurs de ces vols furent par trop effrontés et criants, et les conseils de guerre durent les réprimer. Entr'autres « sauveurs de la propriété », le caporal Chambe, du 29ᵉ de ligne, fut condamné par le 1ᵉʳ conseil de guerre à cinq ans de réclusion pour vol d'argenterie commis pendant une perquisition. (*Droit* du 30 juillet).

Les gardes nationaux rôdaient partout, scrutant les passants. Malheur à ceux qui avaient « *une figure d'insurgé* », c'est-à-dire une physionomie intelligente et résolue. Ils étaient arrêtés. Sortiez-vous de votre maison ? vous étiez bien capable d'aller aux barricades — arrêté. Rentriez-vous chez vous ? vous reveniez peut-être des barricades — arrêté. Restiez-vous chez vous ? vous vous cachiez — arrêté. La nuit venue, nationaux, mobiles et soldats occupaient les rues; sortir était de la pure folie. Comme les réacteurs suaient la peur, et que les ténèbres les épouvantaient, un arrêté du maire de Paris, M. Armand Marrast, enjoignit à tous les habitants d'illuminer chaque soir leurs fenêtres. Singulière illumination qui jetait ses éclats sur des cadavres et des ruines et dans des rues désertes.

Beaucoup d'insurgés, les dernières barricades une fois prises, avaient cherché un refuge dans la campagne. La garde mobile organisa de véritables battues. Pendant huit jours ce fut la chasse à l'homme. Les paysans des environs de Paris se mirent, eux aussi de, la partie. Le *Bien public* (journal de M. Eugène Pelletan), enregistrait avec une visible satisfaction et en style *ad hoc* ces exploits de haute cynégétique (*numéro du 30 Juin*).

« Les habitants autour de Paris *sont à l'affût et traquent les insurgés comme des bêtes fauves*. Tout ce qui est suspect, tout ce qui a des mains sentant la poudre, est immédiatement arrêté. »

Parfois les insurgés faits prisonniers par les paysans leur échappaient; ce qui, il faut l'avouer, ne laissait pas que d'être fort ennuyeux pour ces bons villageois. Mais un excellent journal, le *Droit*, leur vint fraternellement en aide et dans son numéro du 1ᵉʳ juillet leur adressait ces judicieux conseils :

« Au moment où un grand nombre d'insurgés peuvent se répandre sur les grandes routes et dans les campagnes, *nous croyons devoir* faire connaître un des moyens dont on se sert en temps de guerre pour s'assurer des prisonniers. On coupe tous les boutons de leur pantalon, on le fend par derrière et par devant, de telle façon que le prisonnier est forcé de tenir de chaque main chaque côté de son pantalon ; attitude gênante qui rend la course très difficile. Si le prisonnier lâchait seulement un des côtés, et à plus forte raison les deux côtés, ce vêtement tomberait et ferait choir le prisonnier. Enfin, si le prisonnier parvenait à s'en débarasser complétement pour fuir, il serait facile à reconnaître et serait promptement saisi. »

A son tour le procureur général et représentant, M. Corne, adressait à tous les « traqueurs », à ceux de la banlieue comme à ceux de Paris, des instructions « sur les moyens de découvrir les combattants de juin ».

Il faut goûter ce morceau de littérature policière :

« Vérifier si les prisonniers ont les lèvres ou les mains noircies de poudre.

« Des grains de poudre peuvent être demeurés dans les rides ou crevasses des mains calleuses.

« Le pouce qui a servi à armer le chien du fusil doit porter quelquefois une écorchure, le plus souvent une ecchymose.

« L'éclat des capsules lance au vent des fragments qui écorchent la partie supérieure de la main et du pouce.

« Le dessous des ongles, les plis de la chair qui les entoure, peuvent encore recéler des traces de poudre.

« Les poches de vêtements doivent être scrutées scrupuleusement ; elles peuvent contenir quelques grains de poudre ou des capsules.

« Le recul du fusil a pu produire à l'épaule sur laquelle la crosse s'est appuyée une contusion.

« Les vêtements peuvent être percés par les balles, — trou rond, morceau emporté.

« L'oreille placée près de la crosse du fusil doit, dit-on, sentir l'odeur de la poudre, huit jours encore après le feu. »

Le Corne, auteur de cette note inquisitoriale et sauvage, était député à l'assemblée du 8 février 1871. Il fit partie de cette fameuse *Commission des grâces* qui « travailla » si bien en 1871-72. Il méritait bien, on le voit, d'être un des douze membres de cette « gracieuse » commission.

La lâcheté publique vint à la rescousse. Les dénonciations anonymes affluèrent, innombrables, aux bureaux de police. Tous ceux — et ils pullulent hélas ! — dont l'âme renferme assez d'ignominie pour se prêter à la délation, lâchèrent la bride à leurs instincts policiers. Les mouchards se comptèrent par milliers.

Des misérables, pour assouvir leurs rancunes et leurs inimitiés personnelles profitèrent de la terreur qui régnait sur Paris. Aviez-vous un créancier incommode, un rival par trop gênant, un ennemi possesseur d'un secret humiliant ou dangereux pour vous, l'occasion était splendide pour vous en débarasser; vous le dénonciez.

Les « honnêtes modérés » dénonçaient tous ceux qui, en politique, ne pensaient pas comme eux. — « Celui-ci est un « *communiste* » *ennemi de la propriété*; arrêtez-le ! » — Celui-là, je l'ai entendu parler de « la république démocratique et sociale, arrêtez-le ! »

« Le voisin, — a écrit Léonard Gallois — dé-
« nonçait son voisin parce qu'il n'avait pas pris le
« fusil; le propriétaire dénonçait son locataire pour
« cela seulement *qu'il recevait chez lui des jeunes*
« *gens à longue barbe;* la portière dénonçait ceux
« chez qui elle voyait monter des hommes de
« mauvaise mine », des hommes en blouse *qui*
« *n'essuyaient pas leurs pieds*. On dénonçait dans
« les bureaux de l'administration, dans les maisons;
« on se dénonçait mutuellement par peur ou sim-
« plement par besoin de dénoncer. »

La presse de réaction ne pouvait manquer de prendre part à cette sale besogne. Lâcheté oblige.

Mais pendant que le gros des délateurs frappait au hasard, elle s'attacha spécialement à perdre ses ennemis politiques. Elle se vengeait de la peur qu'elle avait eue en février. Les républicains ardents, les chefs de clubs, les révolutionnaires connus, les journalistes populaires étaient autant de puissants adversaires dont il fallait se débarrasser, bien que, le plus souvent, ils n'eussent pris aucune part à l'insurrection. Les journalistes « bien pensants » employaient pour cela un moyen bien ingénieux et bien simple à la fois. Ils annonçaient tout bonnement par avance, l'arrestation qu'ils désiraient voir se réaliser. — « M... a été arrêté hier. Il était porteur d'une grosse somme d'argent. » — Le lendemain, le citoyen ainsi désigné était arrêté; et le tour était joué.

En 1871, après l'écrasement de la Commune, Paris a revu toutes ces turpitudes.

Soldats, gardes nationaux, mobiles arrêtaient, avons-nous dit, tout le monde indistinctement. Exemples : Rue de l'Arbre-Sec, un garçon boucher fut arrêté : homme très dangereux sans doute. Les gardes nationaux *avaient vu son camarade* aux barricades. — Place du Carrousel passaient des prisonniers, escortés par des soldats. Un citoyen aperçoit parmi les captifs un ami; il s'élance et serre la main du malheureux. L'officier — un grand cœur — fait arrêter ce citoyen, sans doute pour le rapprocher de son ami. — Enfin, pour tout dire, les « sauveurs » arrêtèrent jusqu'à des femmes en couches et des paralytiques.

Toutes les prisons, toutes les casernes, la préfecture de police, Notre-Dame, les forts les casemates, furent remplis de prisonniers.

Et les dénonciations pleuvaient toujours dans les bureaux de police! De nombreux mandats d'amener partaient de la préfecture de police où cinq employés étaient occupés à mettre dans les *blancs* les noms de ceux que l'on devait arrêter. — La persistante lâcheté des mouchards amateurs finit par dégoûter les mouchards de profession.

Comme les soldats, les gardes nationaux et les mobiles ne se lassaient point d'arrêter, le pouvoir exécutif décida qu'aucune arrestation ne pourrait plus avoir lieu sans mandat d'amener dûment lancé, ou dans le cas de flagrant délit.

La répression ne craignit pas d'aller arrêter les ouvriers jusque dans les hôpitaux. Mais là elle se heurta à de nobles résistances. Un juge d'instruction demandait à M. Michon, chirurgien à la Pitié, combien il avait reçu d'insurgés. — « Il n'y a ici pour moi que des malades et non des prévenus », répondit le chirurgien. — M. Armand Marrast, à l'Hôtel-Dieu, voulut savoir de M. Roux le chiffre des « défenseurs de l'ordre » et celui des insurgés. M. Roux de lui répondre : « Pardon, monsieur, je ne saurais vous le dire ; je ne connais ici que des blessés et des malades.

En 1871, ces généreux exemples ne furent pas toujours suivis et l'on vit le chirurgien Dolbeau livrer des fédérés blessés que les soldats venaient achever.

La rage des vainqueurs fut longue à s'apaiser et dans la nuit du 10 au 11 juillet cinquante insurgés furent arrêtés à Charonne et à Popincourt.

Le nombre total des arrestations fut de *vingt cinq mille*. Mais le pouvoir se trouva bientôt embarrassé de tant de prisonniers ; et, la crainte du typhus l'y poussant, il en fit relâcher *sans examen* plus de la moitié. On en garda *quatorze mille*.

XII

La Bourgeoisie fête ses « Sauveurs. — Félicitations de l'Assemblée aux vainqueurs.

L'aspect de Paris était celui d'une ville tombée au pouvoir de l'ennemi. Le sabre était tout puissant. Partout le stupide et brutal étalage de la force militaire. Les places du Panthéon, du Luxembourg, Saint-Sulpice, Saint-Michel, Notre-Dame, du Palais-de-Justice, de la Bastille, des Vosges, de l'Hôtel-de-Ville, les cours du Palais législatif et du Palais national, les jardins publics et surtout les boulevards regorgeaient de soldats, de chevaux, d'artillerie, de caissons et de fourgons. L'ordre régnait.

La bourgeoisie ne pouvait manquer de faire fête

à ses « sauveurs », et naturellement elle garda ses plus douces faveurs et ses meilleurs sympathies pour ceux qui avaient le mieux tué. « Les petits mobiles » furent les lions du jour. Sur les grands boulevards, les gommeux de l'époque leur payaient à boire. Les *chastes* bourgeoises se firent leurs cantinières. Les nobles dames et les catins à la mode se disputaient leurs caresses et allaient se livrer à ces héros de l'assassinat, dans les tentes et dans les casernes. Ces lubriques femelles trouvaient sans doute un attrait de plus dans la puante odeur d'alcool et de sang qu'exhalaient les massacreurs. « — Savez-vous, ma chère, mon « petit mobile » !... il m'a dit avoir tué plus de quarante prisonniers. Il est adorable ! — Et le mien donc ! Il a violé cinq femmes d'ouvriers et il a dépecé deux enfants... » — O turpitude !

A peine sorties des bras de leurs tristes amants, nobles dames et catins — et toutes prostituées — couraient à de nouveaux plaisirs. — « Jean, vite ma calèche et partons... — Madame va au Bois ?...» — Eh ! non, imbécile ! Madame va dans les quartiers ouvriers se créer des émotions. Et les calèches du faubourg Saint-Honoré, de la Chaussée-d'Antin, du faubourg Saint-Germain allaient à travers les rues des faubourgs du Temple et Saint-Antoine. On s'arrêtait devant les maisons éventrées, à la façade criblée de balles, saccagées, devant les ruines fumantes. Çà et là des femmes affamées, de pauvres petits épouvantés, les épouses et les enfants des massacrés. — « Vicomte, cela est presque aussi bien qu'un décor de l'Opéra, n'est-ce pas? — Délicieux, marquise!... » Le faubourg Saint-Antoine où la canonnade avait surtout fait rage, fut pendant plusieurs jours un autre *Longchamps* pour la noblesse du parchemin et celle de la finance.

L'Assemblée nationale, cet aréopage de trembleurs et d'ambiteux cyniques, adressa une proclamation « au Peuple français » pour lui annoncer la défaite de l'insurrection. Ce misérable factum où se trouvaient réunies toutes les calomnies et les injures du répertoire jésuitico-réactionnaire débutait ainsi :

«Français ! l'anarchie est vaincue...» On y criait : « Honneur au courage et au patriotisme de la garde nationale de Paris et des départements! honneur *à notre brave et toujours glorieuse armée* ! honneur à notre jeune et intrépide garde mobile, honneur enfin à tous les défenseurs de l'ordre et de la *liberté* ! »

Les insurgés y étaient « des forcenés qui, sans principes, sans drapeau, semblaient ne s'être armés que pour le massacre et le pillage... Sous les coups de ces *nouveaux barbares*, la civilisation du dix-neuvième siècle était menacée de périr. » « La France, affirmait-on plus loin, repousse avec horreur ces doctrines sauvages *où la famille n'est qu'un nom et la propriété qu'un vol.* »

Cela se terminait par l'appel obligé « à la concorde et à la paix, à l'ordre et à la liberté. » — « Cette pièce, a dit un historien, toute pleine de mensonges et de passion, est un monument des erreurs du temps. »

Le boucher Cavaignac monta à la tribune pour y jouer la comédie de la démission. Il parut s'effacer devant l'Assemblée. Il insista toutefois pour le maintien de l'état de siège. L'Assemblée, comme cela était prévu par l'habile général, maintint l'état de siège et vota une propsition de M. Martin (de Strasbourg) : « L'Assemblée nationale confie le pouvoir exécutif au général Cavaignac, qui prendra le titre de président du Conseil et nommera les ministres.

L'Assemblée fit plus encore. Elle déclara que le dictateur « avait bien mérité de la patrie. »

« L'Assemblée nationale a adopté à L'UNANIMITÉ le décret dont la teneur suit :

« Le général Cavaignac, chef du pouvoir exécutif a bien mérité de la patrie.

« Délibéré en séance publique, à Paris, le 28 juin 1848.

Le président et secrétaires,

SÉNARD, PEUPIN, LÉON ROBERT, EMILE PÉAN, EDMOND LA-«FAYETTE, LANDRIN, BÉRARD. »

Deux autres décrets déclarèrent « que le citoyen Sénard, président de l'Assemblée nationale, — « que les généraux, officiers, sous-officiers et soldats des gardes nationales de Paris et des départements, ceux de l'armée, de la garde mobile, de la garde républicaine et les élèves des écoles avaient bien mérité de la patrie. »

Ces deux décrets, comme le premier, furent adoptés à l'UNANIMITÉ. Mais la Montagne, direz-vous, la Montagne, du moins, dût protester? A l'unanimité, vous dis-je. Les montagnards ne s'abstinrent même pas ! Ils s'associèrent aux félicitations adressées aux bourreaux et aux massacreurs. La Montagne était terrorisée; la Montagne, l'altière Montagne s'était changée en taupinière.

De ces Montagnards, plusieurs, il faut le reconnaître, ont, depuis, noblement racheté leur faute. Il en est d'autres, au contraire, qui se sont plongés plus avant dans la honte : MM. Louis Blanc, Martin-Bernard, Greppo, ces ex-montagnards de 1848, flanqués de l'ex-socialiste Tolain, ont renouvelé, en mai 1871, leur lâche complicité de Juin 48, dans les applaudissements donnés aux vainqueurs. Pour eux, Thiers comme Cavaignac, *a bien mérité de la patrie !* (1).

---

(1) Séance du 21 mai 1871,

« M. Cochery dépose un projet de décret portant que le chef du pouvoir exécutif et les armées de terre et de mer ont bien mérité de la patrie. Adopté

(Plusieurs membres). — Nous demandons qu'on constate l'unanimité du vote.

M. le président Grévy. — Le procès-verbal constatera *l'unanimité du vote et les applaudissements unanimes de l'Assemblée.* »

Et personne ne protesta... Socialistes, souvenez-vous.

XIII

LE DÉCRET DE TRANSPORTATION SANS JUGEMENT

Au plus fort de la bataille, le 25 juin, le président de l'Assemblée nationale, M. Sénard, homme de précaution, jugea qu'il était bon de se débarrasser au plus vite des ouvriers déjà prisonniers ou qui ne pouvaient manquer de le devenir. La prompte expédition des... affaires fait la bonne politique. M. Sénard, d'ailleurs, appartenait à cette noble école de grands citoyens qui, de gaîté de cœur, se rendent coupables de toutes les cruautés et s'exposent aux justes flagellations de l'histoire, quand, pour prix de leurs méfaits, il doit leur échoir un bel et bon ministère. Et M. Sénard voulait être ministre. Donc, le premier, il osa — triste audace — proposer *la transportation sans jugement*.

Dans la séance du 25 juin, du haut de son perchoir présidentiel, ce Sénard se mit à lire un projet de décret :

« Art. 1ᵉʳ. — Tout individu *pris les armes à la main sera immédiatement* déporté outre-mer.

« Art. 2. — Le pouvoir exécutif est chargé de l'exécution du présent décret. »

Oh! M. Sénard était animé de la plus douce bienveillance, poussé par la plus pure philanthropie!

Il voulait tout bonnement, le bon cœur, « défendre » ces pauvres insurgés.

« Les prisons sont pleines, dit-il benoîtement à ses *présidés*; les hommes qu'on prend les armes à la main ont besoin d'être défendus, d'être défendus par *tout ce qu'il y a de raison et d'humanité* dans le cœur de ceux qui les saisissent et dans la pensée du pouvoir sous les yeux duquel les prisonniers se font. Cependant il faut que le sort de ces prisonniers apparaisse, et, de toutes parts, on nous demande ce qu'il adviendra. On nous dit que l'Assemblée réunie ici ne peut pas laisser cette incertitude qui étonne ceux-là même qui font les prisonniers. Je viens vous soumettre une résolution en harmonie, ce me semble, avec le nombre des prisonniers, en harmonie avec la guerre qui nous est faite, en harmonie avec les idées d'humanité qui doivent encore dominer ici. »

N'est-ce pas là un chef-d'œuvre d'éloquence jésuitique! et ces mots de « raison, d'humanité », dans la bouche d'un proscripteur féroce, ne font-ils pas se soulever ce que vous possédez de colère et d'indignation ? — Réacteurs, — race puante, — qui travestissent hypocritement leurs passions et leurs haines, affublent leurs méfaits du nom de générosité et salissent même le crime...

Le 26 juin, le Sénard revint à la charge et relut son projet de décret. L'article 1ᵉʳ avait été modifié

« sur les observations de plusieurs de nos collègues. » Ces dignes collègues voulaient que les insurgés fussent « déportés dans une de nos possessions d'outre-mer *autre que l'Algérie.* »

Une commission fut saisie du projet de loi ainsi modifié. Elle était composée de quinze membres dont plusieurs sont devenus tristement célèbres : Stourm, *Baroche*, *Vivien*, Bavoux, Coralli, *Jules Favre*, Lignier, *Billaut*, Delouche, Lachet, Gustave de Beaumont, Laboissière, *Rouher*, Laboulie, Méaulle, rapporteur.

Le boucher Cavaignac s'était, lui aussi, occupé des prisonniers et, dès le 25 juin, avait lancé ce décret :

« Le chef du pouvoir exécutif,

Vu le décret du 24 juin 1848 qui met la ville de Paris en état de siége,

Vu le décret du 24 décembre 1811,

Ordonne que, par les officiers rapporteurs près les conseils de guerre de la 1re division militaire et par leurs substituts, il sera immédiatement procédé à l'information contre tous les individus arrêtés à l'occasion des attentats commis le 23 juin et jours suivants, pour être ultérieurement statué à l'égard desdits individus conformément aux lois pénales. »

Cavaignac disait : conseils de guerre ; l'Assemblée : déportation sans jugement. La commission résolut de contenter tout le monde. Elle combina les deux mesures ; les conseils de guerre pour les chefs et les « instigateurs » de l'insurrection ; la déportation pour les simples soldats.

Le 27 juin, le rapporteur Méaulle monta à la tribune; Sénard présidait à cette honteuse et lugubre séance,

« ... Nous avons cru, déclara le rapporteur, qu'à cause du grand nombre des prévenus, il était impossible de faire assez prompte justice pour que la sécurité publique ne fut pas de nouveau troublée, pour qu'à l'occasion des poursuites judiciaires, l'affreux combat qui n'a cessé qu'hier ne recommençât pas, que les rues de la capitale ne fussent pas de nouveau ensanglantées. Nous avons donc cru qu'étant dans une période révolutionnaire, il fallait bien pendant quelque temps faire taire les principes de la légalité. »

On ne saurait avouer avec plus de désinvolture que la légalité, cette chose élastique, se prête indifféremment à tous les désirs du gouvernement. — « Misérables, qui vous insurgez contre l'ordre de choses établi et qui ne respectez pas la *légalité*, vous serez châtiés. Mais comme dans notre œuvre de répression, nous voulons avoir les coudées franches, nous allons sortir nous-mêmes de cette légalité, au nom de laquelle nous vous avons mitraillés. » — La farce se joint au drame.

Le rapporteur poursuivit : « Nous avons pensé qu'une mesure exceptionnelle qui enlevait à la capitale tous ces ferments de discorde et de guerre civile, qui rassurait la France tout entière, *qui faisait voir que la République ne reculerait pas devant les moyens énergiques qui pouvaient assurer son salut*, était indispensable, et nous avons dit: « Que la loi se taise un instant, que le salut public soit assuré, et que, par mesure de sûreté publique, tous les hommes qui ont déclaré une guerre mortelle à la société disparaissent de la capitale, que la tranquillité renaisse, que l'ordre soit rétabli, l'ordre sans lequel il est impossible qu'on ait la liberté. »

. . . .

« Nous n'avons pu perdre de vue qu'il y a plusieurs degrés de criminels parmi les combattants ; ceux qui n'ont été que des soldats ne doivent pas être traités comme des chefs. Nous avons donc traduit devant les conseils de guerre ceux qui avaient commandé *et surtout ceux qui avaient distribué de l'argent (?)* »

Aussitôt la lecture de ce rapport prudhommesque et sauvage terminée, deux bons et doux législateurs, pour en finir au plus vite, demandent « le vote d'urgence. » MM. Denniaux et Louis Perrée brûlaient de frapper leurs ennemis ; leur haine impatiente voulait supprimer tout semblant de discussion.

MM. Baune et Repellin combattent l'urgence : « qu'on attende simplement au lendemain. » « Délibérez avec justice et non avec précipitation, » s'écrie Repellin — Riposte du général Lebreton : Ce soldat veut *que l'on vote sans désemparer*. Quelque chose comme le vote en douze temps ! Les pékins de l'Assemblée sont séduits par cet éloquent militaire, et l'urgence est votée.

Des naïfs — il s'en trouve partout — désireux de voter en conscience demandent l'impression et la distribution du rapport. Cette exorbitante prétention est lestement repoussée.

Ce bon apôtre de M. Pascal Duprat veut « *seulement* quelques heures de réflexion et d'examen. » — M. Flocon, un bonhomme qui, depuis son arrivée au pouvoir, s'était doublé d'un grotesque furieux, M. Flocon « a voté l'urgence, mais à côté de l'urgence il y a un temps moral qui lui semble nécessaire pour la conscience du législateur. » *La conscience du législateur*.... Pauvre homme ! qui, du jour où il devint gouvernant et législateur, perdit toute conscience.

L'Assemblée repoussa « le renvoi à demain » et adopta le renvoi à huit heures du soir.

A la reprise de la séance, à huit heures quarante minutes, Sénard présidait encore. La Montagne, jusqu'alors muette, donna signe de vie. Pierre Leroux et Caussidière osèrent quelques timides protestations contre la transportation sans jugement. Tous deux ils firent appel à l'humanité et à la clémence. Aucun n'eut le courage de défendre l'insurrection calomniée. Leurs discours sont ceux d'hommes qu'épouvante l'iniquité de la transportation en masse. Il ne faut pas y chercher la moindre parole d'indignation contre les massacres, le moindre cri de sympathie jeté aux vaincus.

« Il faut de la sagesse et de l'humanité, dit Pierre Leroux. — Nous avons parmi nous des prêtres, nous avons parmi nous des hommes de l'Evangile. Ont-ils pris la parole ? Non, ils lisaient leur bréviaire, et ne prenaient pas la parole. Est-ce que ceci ressemble à une assemblée d'hommes sages? »

Les interruptions, qui n'avaient cessé un seul moment, s'accroissent à ces paroles. Le doux inventeur de *la Triade* vit se tourner contre lui toutes les fureurs obscènes de l'Assemblée. Il termina en disant : « Mon discours avait pour but uniquement d'appeler la clémence. »

Après Pierre Leroux, Caussidière monta à la tribune. Ce révolutionnaire pour rire, « ce *Suffétius de tabagie* », comme l'a appelé Blanqui, débuta par des insultes aux vaincus qu'il avait la prétention de venir défendre.

« ..... *Je dis qu'il y a à sévir fortement contre les misérables* qui réellement ont égaré beaucoup d'hommes... j'accepte le mot, parce que je le crois vrai... en disant, les uns, que la République était en péril, d'autres telle ou telle chose. »

Caussidière, qui pour complaire à l'Assemblée, reniait si lestement l'insurrection, n'en fut pas mieux écouté. Les interruptions le harcelèrent d'une façon continue, et cet ex-préfet de police, étourdi, ahuri, en vint à débiter les plus cocasses drôleries en un style le plus plaisant du monde. Ce montagnard affolé égaya beaucoup les proscripteurs en goguette. Il termina en demandant le « respect de la justice, de sérieuses investigations. Je demande que des commissions exécutives de trois membres soient nommées pour examiner le tort ou la raison de déporter tel ou tel citoyen. » Et le citoyen Caussidière crut avoir assez fait pour l'humanité et pour la justice. Son courage et sa raison ne purent aller plus loin. Comment s'étonner que de pareils hommes, de pareils caractères, au pouvoir après février, n'aient pu féconder la République!

Un professeur de droit, M. Valette (du Jura), présenta quelques observations juridiques sur la déportation. Du reste, il n'entendait nullement défendre ces gueux d'insurgés. — « Je suis partisan de la répression et de la répression énergique, » articula-t-il. Mais l'Assemblée, impatiente de consommer son horrible crime, l'empêche de parler. N'allait-on pas lui faire peut-être une leçon de droit? Au vote et plus vite que ça!

Le tumulte devint si grand, l'attitude de l'Assemblée si scandaleuse, que le président Sénard, oui, Sénard lui-même, voulut y mettre fin et sauver au moins les apparences. — « Comment voulez-vous que l'orateur parle, s'écria-t-il, quand il se fait un tumulte tel, que moi, *en forçant ma voix, je ne puis être entendu de la quatrième section?* » — Cette admonestation présidentielle dit mieux que nous ne saurions le faire, à quel degré de basse fureur et de rage obscène en étaient arrivés *les graves législateurs*.

Sur le désir exprimé par Cavaignac, l'Assemblée substitua *la transportation* à la déportation. La transportation excluait l'emprisonnement. Le généreux dictateur octroyait cet adoucissement aux vaincus.

Pierre Leroux et Culmann présentèrent un

amendement. Il s'agissait de permettre aux femmes et aux enfants des transportés de suivre ces derniers dans le lieu de transportation. M. Gustave de Beaumont s'émeut. Le voyage des femmes et des enfants va entraîner d'énormes dépenses. « *Il s'oppose à ce que se soit aux frais de l'Etat.* » Cette impudence féroce méritait bien récompense. Quelques jours plus tard, M. Gustave de Beaumont était nommé ambassadeur à Londres. Néanmoins, l'Assemblée adopta l'amendement.

Un amendement de M. Legraverand : « Ne seront pas soumis à la transportation les individus âgés de moins de 18 ans et de plus de 60 ans ; ils seront détenus pendant cinq ans, » est repoussé.

Autre amendement. M. Grolhier propose : « La République fournira les moyens d'existence aux transportés et à leur famille jusqu'au moment où ils auront pu s'en procurer par leur travail. » Cet amendement est rejeté. Les transportés et leurs familles vivront ou ne vivront pas, qu'importe à l'Assemblée !

Enfin, le décret suivant fut voté à une grande majorité :

« Art. 1ᵉʳ. Seront exclus par mesure de sûreté générale, dans les possessions françaises d'outre-mer, autres que celles de la Méditerranée, les individus actuellement détenus qui seront reconnus avoir pris part à l'insurrection du 23 juin et jours suivants. Les femmes et enfants des individus ainsi transportés hors du territoire seront admis à partager le sort de leurs maris et de leurs pères.

« Art. 2. L'instruction commencée devant les conseils de guerre suivra son cours, nonobstant la levée de l'état de siège, en ce qui concerne ceux que cette instruction désignerait comme chefs, fauteurs ou instigateurs de l'insurrection, comme ayant fourni ou distribué des armes ou des munitions de guerre, exercé un commandement ou commis quelque acte aggravant leur rébellion.

« Il en serait de même des réclusionnaires et des forçats qui auront pris part à l'insurrection (1).

« Art. 3. Un décret de l'Assemblé nationale déterminera le régime spécial auquel seront soumis les individus transportés.

« Art. 4. Le pouvoir exécutif est chargé de procéder sans délai à l'exécution du présent décret. »

Nous avons en vain cherché dans *le Moniteur* les noms de ceux qui votèrent cette inique et monstrueuse mesure, prétendue de sûreté générale. La feuille officielle est muette à cet égard. Les cannibales n'ont pas osé prendre devant l'histoire la lourde responsabilité de ce féroce décret. Mais l'Assemblée nationale tout entière supporte aujourd'hui le poids de la juste et inexorable exécration qui s'attache au souvenir des grands crimes et des grands criminels.

---

(1) Inutile de dire que les conseils de guerre ne découvrirent ni le moindre réclusionnaire, ni le moindre forçat.

XIV

LES VAINQUEURS CLAQUENT DES DENTS.

12,000 cadavres, 25,000 arrestations, la transportation sans jugement, les conseils de guerre, l'état de siège, la dictature, tout cela n'avait pu rassurer la bourgeoisie. Après la victoire, elle se mit à trembler de plus belle. L'esprit des égorgeurs fut troublé par des imaginations spectrales. Il leur semblait que l'insurrection écrasée n'avait pas dit son dernier mot et qu'elle préparait déjà sa revanche. Les vainqueurs claquaient des dents.

Cette terreur sans cause fit naître les bruits les plus absurdes, les histoires les plus étranges, les contes les plus abracadabrants. On avait vu sur les toits des télégraphes qui, la nuit, correspondaient avec les insurgés. Sur certaines maisons, des croix rouges avaient été tracées; des croix vertes sur d'autres. La croix rouge voulait dire pillage; la croix verte, incendie. Les amis des vaincus jetaient, affirmait-on, des *boulettes incendiaires* et de la *poudre inflammable*. Evidemment, ils préparaient un incendie général.

Les journaux de la réaction donnèrent un corps

à toutes ces billevesées. Plus grande deviendrait la terreur et mieux la contre-révolution pourrait, à son aise, poursuivre son horrible besogne. Aussi tous les *bons* journaux publièrent-ils, à l'envi, d'étonnantes nouvelles.

Le Constitutionnel du 1er juillet, disait : « On a appelé plusieurs fois l'attention de la police sur les signes au moyen desquels les conspirateurs communiquaient entre eux. Un grand nombre d'habitants de Paris, *ont pu voir*, la nuit, d'un point culminant, telle que la hauteur de Montmartre, *des lumières ascendantes et descendantes* se correspondre, sur les toits ; dans tous les quartiers ces faits ont été plusieurs fois dénoncés cependant: au jour de la bataille, ces moyens de communication existaient encore. Ils ont servi puissamment aux progrès momentanés de l'insurrection. Au moment de la reddition du faubourg Saint-Antoine, *on* a remarqué que des signes particuliers ont été employés. La nuit dernière, d'après des informations que nous avons lieu de croire exactes, on en a vu sur les toits de la rue Saint-Honoré. »

L'Estafette annonçait que le poste de la garde nationale, rue Bleue, avait arrêté quatre individus, qui, du haut d'une maison de la rue Bergère, « faisaient manœuvrer une illumination suspecte (sic). »

Le Siècle: « L'état-major de la garde nationale a constaté, la nuit, des signaux venant des maisons voisines du Carrousel. *Quatre chandelles*, placées aux fenêtres les plus élevées, étaient alternativement élevées ou abaissées, *tantôt une, tantôt deux, tantôt toutes les quatre.* »

Tantôt toutes les quatre ! Horrible, n'est-ce pas ?

La Gazette des Tribunaux annonçait l'arrestation de deux hommes et d'une femme. Ces démons avaient fait des signaux de nuit, rue Neuve-des-Bons-Enfants, et leurs signaux correspondaient avec Montmartre.

Il fut bientôt démontré combien étaient ineptes ces arrestations « pour délits de signaux nocturnes. » Les individus arrêtés étaient de pauvres diables qui travaillaient tard dans la nuit, et qui avaient eu la démoniaque pensée de s'éclairer.

Le Peuple Constituant railla doucement cette peur grotesque : « Nous engageons tous les citoyens de s'abstenir de se promener, soit pendant le jour, soit pendant la nuit sur les terrasses et belvédères qui dominent les maisons, dans le but de prendre le frais ou d'interroger au loin l'aspect de la ville par un clair de lune. Plusieurs coups de fusils ont été tirés, ces dernières nuits, sur les personnes qui, grimpées ainsi au faîte de leur maison, n'étaient probablement que de simples curieux, *mais dont on ne pouvait apprécier les intentions.* »

La Providence édita l'inepte racontar des croix vertes ou rouges dont des maisons avaient été marquées, « incendie ou pillage. » Le fait était vrai. Mais le coupable c'était l'administration ; les signes désignaient tout bonnement la place où devaient être fixées de nouvelles plaques en porcelaine portant le numéro des maisons.

La même *Providence* édita encore « l'histoire de la poudre inflammable. » « Un fait *assez curieux*, dit-elle, et qui mérite d'être rapporté, s'est passé aujourd'hui, rue Croix-des-Petits-Champs. « *Vainqueurs le pillage, vaincus l'incendie* ! » lisait-on sur les drapeaux des insurgés. L'insurrection domptée poursuit son programme. Une poudre fine, jetée sur les trottoirs et inflammable au moindre frottement, *a éveillé l'attention* des passants, qui aussitôt ont revêtu l'uniforme pour faire la police de leur quartier. Que l'autorité ne s'endorme pas ! »

Il n'y avait, est-il besoin de le dire, d'autre poudre que celle jetée par *la Providence* aux yeux de ses bénévoles lecteurs.

Les marchands de cannes, ces « ambulants » si inoffensifs d'ordinaire, devinrent tout à coup autant de sinistres têtes de l'hydre de l'anarchie. Ecoutez *le Droit* du 6 juillet : — « Un journal signale à l'attention de M. le préfet de police de nombreuses ventes *de cannes-poignards* qui se font ostensiblement sur la voie publique et notamment dans les faubourgs. »

Le 6 juillet eut lieu une cérémonie funèbre. Les vainqueurs prétendaient « honorer la mémoire » de ceux des leurs qui étaient tombés sous les balles insurgées. Un autel fut dressé au pied de l'obélisque et trois évêques y mimèrent une messe. L'Assemblée et son président, le dictateur Cavaignac, le maire de Paris, les officiers supérieurs de l'armée et les chefs de la garde nationale étaient présents. Un char, surmonté d'un catafalque et garni de quelques cadavres, descendit l'avenue des Champs-Élysées et s'arrêta devant l'autel. Les évêques le bénirent. Les faubouriens se tinrent éloignés de cette cérémonie si insultante pour leurs morts qu'on avait jetés par tombereaux dans la fosse commune.

Le char qui, d'après le programme, devait apporter les cadavres jusqu'au caveau de la colonne de Juillet, s'arrêta à la Madeleine. Les vainqueurs n'osèrent pas aller provoquer les vaincus chez eux.

Ils eurent peur de ce faubourg Antoine, mitraillé, décimé, et qui, hélas! n'était plus à craindre.

Les catacombes offraient un beau canevas pour y broder quelque histoire bien insensée. La frayeur publique ne manqua pas de s'en emparer. — Des insurgés étaient réfugiés dans ces catacombes, ils y avaient d'immenses dépôts d'armes; enfin — pour le bouquet, sans doute, — ces catacombes affreusement minées, devaient sauter et entraîner dans leur danse des quartiers tout entiers.

La police fit des fouilles aux flambeaux dans les carrières; et, un mois après la défaite de l'insurrection, le 26 juillet 1848, le préfet de police, Ducoux, un très amusant fantoche, rassura par une proclamation les vainqueurs épouvantés.

« Ces souterrains dont il a été tant parlé, dit-il n'ont jamais existé. Ces carrières où se réfugiaient des légions d'ennemis et où se trouvaient d'immenses dépôts d'armes, ont constamment été explorées avec le soin le plus minutieux. Ces catacombes qui devaient être converties en mines pour faire sauter les quartiers de la capitale, sont inattaquables par la poudre à canon, tant est épaisse la couche de terrain qui forme le recouvrement de ces excavations. Les bruits nocturnes et mystérieux, les prétendus signaux qui alarmaient les passants ont été le sujet d'un examen sérieux et toujours une cause simple est venu donner l'explication de ses effets. »

Il n'est qu'un gouvernant pour étaler avec tant de complaisance les ridicules infirmités de sa caste.

Le journal le *Droit* songeait à prévenir une nouvelle tentative d'insurrection et, dans son numéro du 1ᵉʳ juillet, demandait que les « pavés qui facilitent la construction de barricades soient remplacés par le macadam, dans les principales artères stratégiques de la ville de Paris et tous les points nécessaires à sa défense efficace. » — Remplacer les pavés par le macadam, cela résume assez bien toutes les idées de la bourgeoisie en matière de réformes économiques.

De Paris, la peur des insurgés s'étendit sur la province. Là, évidemment, cette monomanie devait prendre les proportions d'une véritable bouffonnerie. C'eût été à mourir de rire, si tant de stupidité et d'ignorance chez une nation prétendue civilisée, ne vous navrait, ne vous écœurait jusqu'à en mourir de honte.

Dans les environs de Rouen, de sinistres bandes d'insurgés pillaient et ravageaient. Partout, le feu et le sang. La ville s'émeut, et voilà les braves Rouennais sur pied, nuit et jour. On attendait, fusil en main, ces canailles d'insurgés. Mais ils eurent vent, sans nul doute, de la réception qu'on leur réservait et ne se montrèrent point. Rouen, nouvelle sœur Anne, ne vit rien venir.

Dans la Marne et la Haute-Marne, ce fut une véritable panique. Quatre ou cinq contrebandiers sont aperçus par des gardes nationaux; ils sont vite transformés en une colonne d'insurgés. La ville d'Epernay est prise d'une belle épouvante. Le préfet est prévenu, et ce courageux administrateur n'hésite pas un instant. Il rassemble une force armée considérable, se met à la tête et part en guerre. Mais il ne trouva rien à pourfendre, il y avait beau temps que les contrebandiers s'étaient esquivés.

A Louviers, on signale une autre colonne d'insurgés. La vallée de l'Eure était dévastée par ces forcenés. Des cartouches sont distribuées, le rappel bat, le tocsin sonne. Les paysans des environs accourent, armés de fusils, de fourches, de piques, de haches et de faux. Les insurgés vont passer un mauvais moment... oui, mais eux, pas bêtes, s'étaient évanouis. Cependant la panique gagne les Andelys, Vernon, Gaillon, Pacy, Saint-André, Hécourt. Les femmes affolées s'enfuient dans les bois, plusieurs enlèvent leurs boucles d'oreilles; les insurgés pourraient bien les leur arracher.

De semblables alarmes se produisirent à Evreux, à Châlons, à Vitry, à Laon, à Soissons, à Charleville, à Mézières, etc., etc. Mais nulle part, on ne put atteindre ces diables d'insurgés. A Saint-Quentin, les habitants eurent plus de chance et, d'un seul coup, arrêtèrent deux mille insurgés. C'est du moins ce qu'annonçait une lettre particulière. — « Nous faisons une gageure, dit un journal, c'est que cette nouvelle est un affreux canard. Deux mille insurgés pris d'un seul coup de filet, rien que cela! Les Saint-Quentinois n'y vont pas de main morte! Cette troupe d'insurgés s'était sans doute *envolée* de Paris pour aller s'*abattre* sur la place de Saint-Quentin, car elle n'a laissé nulle part de traces de son passage. Pauvres gens! »

Oui, pauvres gens! et plus pauvres vainqueurs!

Cette peur des insurgés, habilement exploitée par la réaction, fit son tour de France (1). Les *rouges*, c'est-à-dire tous les républicains.... républicains chargés de tous les méfaits et de tous les crimes, devinrent l'objet des plus odieuses persécutions. Les républicains bourgeois avaient tout simplement voulu se débarrasser du socialisme; mais le branle était donné et c'était d'eux-mêmes que la contre-révolution allait bientôt se défaire. Et pour cela — ô ironie! — elle commençait par enseigner aux populations ignares et sottement exaspérées contre

---

(1) Dans une petite sous-préfecture, perdue dans les montagnes du Midi, on ressentit la peur des insurgés. *A plus de 700 kilomètres de Paris*!! De vigilants citoyens aperçurent de la fumée au-dessus d'un bois voisin de la ville. Les insurgés étaient là! La garde nationale cerne le bois, qu'elle fouille ensuite, baïonnette en avant. On découvrit enfin un pauvre diable qui faisait philosophiquement cuire des pommes de terre !

les socialistes, que les radicaux bourgeois — non les moins furieux pendant la répression — étaient, eux aussi, des insurgés et des « *ennemis de la société.* »

XV

LA CURÉE

Dans les régions officielles, on ne perdait pas la tête au point d'en oublier de récompenser ceux qui, à un titre quelconque, avaient aidé à la répression. Après toute chasse bien menée, vient la curée. Cavaignac, qui, pour sa part, avait obtenu la dictature, distribua le reste à ses complices. Au président Sénard, il lança le ministère de l'intérieur; à Lamoricière, ce général qui, pendant la lutte, s'était distingué par sa grossière fureur, il jeta le ministère de la guerre; les affaires étrangères, à Bastide; les finances, à Goudchaux; l'instruction publique, à Carnot; la justice, à Bethmont; la marine, à l'amiral Leblanc; les travaux publics, au médecin Recurt; l'agriculture et le commerce, à Tourret. Hetzel remplaça Pagnerre au secrétariat général du pouvoir exécutif. Ducoux eut la préfecture de police; Pascal Duprat, dit *Etat de siège*, une mission en Autriche.

Une pluie de décorations s'abattit sur l'armée, la garde mobile et la garde nationale. Entre autres décorés de la mobile, nous remarquons deux enfants : Coquerel — 18 ans — et Viard — 15 ans et demi — nommés chevaliers de la Légion d'honneur. Que dire de ce prix d'encouragement donné à deux pauvres assassins inconscients ? Des « défenseurs de la famille », seuls, peuvent aussi salement prostituer l'enfance.

Dans la garde nationale, plusieurs officiers ne voulurent pas accepter cette horrible récompense. Il leur répugnait de mettre sur leur poitrine une croix ramassée dans une boue sanglante. Le général Changarnier adressa à ces officiers une lettre dans laquelle il en appelait au principe de l'obéissance. — La consigne était de se laisser déshonorer. On obéit à la consigne ! (1).

Entre deux récompenses aux massacreurs, le Pouvoir exécutif supprima les ateliers nationaux, par un décret daté du 3 juillet :

« Art. 1ᵉʳ. Les ateliers nationaux du département de la Seine sont supprimés.

« Art. 2. Des secours continueront à être accordés aux ouvriers sans travail par les soins et sous

---

(1) Un homme qui ne se fit pas contraindre pour accepter une décoration, ce fut M. Maxime *Ducamp*, garde national à la 4ᵉ compagnie, 2ᵉ bataillon, 1ʳᵉ légion. Le 17 octobre 1848, il fut nommé chevalier de la Légion d'honneur « à l'occasion des journées de juin. » Ce même Maxime *Ducamp*, pour avoir éjaculé d'ignobles et lâches élucubrations contre les vaincus de la Commune, a été admis dans la petite chapelle d'admiration mutuelle qu'on nomme l'Académie.

la surveillance des maires des divers arrondissements.

« Art. 3. Les mêmes mesures seront successivement appliquées aux ateliers nationaux des divers lieux du teritoire de la République. »

Ce décret passa inaperçu. Les ateliers nationaux, il s'agissait bien de celà. On s'était servi de cette « machine » pour provoquer le Paris prolétarien ; mais ce n'était plus aux ateliers nationaux qu'on en voulait. On était en train de chercher à supprimer le Socialisme et la Révolution.

XVI

LES COMMISSIONS MILITAIRES. — LE DÉPART DES TRANSPORTÉS.

Les « jugeurs » s'étaient mis à l'œuvre. C'est d'abord aux Tuileries que s'installa, dans la salle dite des Aides-de-Camp, la *Commission militaire*. MM. les chefs d'escadron d'état-major Courtois-d'Hurbal, rapporteur près le premier conseil de guerre permanent, de Tisseuil, attaché d'état-major de la première division et le capitaine de Boulancy du même état-major, étaient chargés de procéder à l'enquête judiciaire. Ils étaient assistés des commandants Bourguignon et Constantin, du corps de l'état-major.

La Commission se transporta plus tard au Palais de Justice. Le colonel Bertrand, commandant le 24ᵉ de ligne, président de la Commission, s'établit dans la salle des Archives. Dans un des salons de la Conciergerie, le *Salon des avocats*, le capitaine Plée, rapporteur près le deuxième conseil de guerre, se tint en permanence. Il était assisté du capitaine Joubert. De concert avec les juges d'instruction et les substituts, les soldats interrogeaient les prisonniers. Au 3 juillet, mille détenus environ étaient déjà interrogés et renvoyés au fort de l'Est.

Des forts, où étaient entassés les prisonniers, jusqu'au Palais de Justice, la distance est assez longue. Les insurgés la parcouraient, les mains liées derrière le dos, escortés d'un escadron de lanciers et de deux bataillons d'infanterie. Le retour aux forts se faisait de même.

Les prisonniers interrogés étaient classés en trois catégories :

1° Ceux qui avouaient leur participation à la lutte et contre lesquels s'élevaient dans l'opinion des juges d'instruction des charges graves ;

2° Ceux qui avaient été forcés par les insurgés, suivant leurs dires, à se mêler à eux ;

3° Ceux qui réclamés par leurs familles, par des représentants ou des maires, étaient reconnus avoir été indûment arrêtés.

Ceux de la première catégorie étaient destinés

aux conseils de guerre ; ceux de la seconde à la transportation sans jugement ; enfin, ceux de la troisième pouvaient être mis en liberté après plus ample information.

Mais les prisonniers étaient nombreux — 14,000 du 5 au 10 juillet — et, pour activer la besogne, le pouvoir exécutif créa quatre commissions qui examineraient les procédures instruites par les rapporteurs et statueraient, soit sur le renvoi aux conseils de guerre, soit sur la transportation, soit sur la mise en liberté. Ces commissions étaient sous les ordres du colonel Bertrand qui, seul, pouvait mettre en liberté, pour les cas d'urgence.

Ces militaires procédaient avec rapidité. Les accusés étaient amenés devant la Commission et jugés *sommairement*. Le huis-clos, nul débat, pas de confrontation, pas de défense. Les « jugeurs » consultaient simplement les rapports de police, les dénonciations..... Et l'on était désigné pour la transportation, ou réservé pour les conseils de guerre, ou relâché.

Bientôt les Commissions eurent prononcé 8,700 décisions. Plus de la moitié des prévenus étaient reconnus innocents. 3,600 étaient déclarés « bons » pour la transportation; 229 seraient renvoyés devant les conseils de guerre.

Aussitôt classés, aussitôt expédiés. Et, dès les premiers jours du mois d'août 1848, des convois de transportés furent dirigés vers la mer. Le premier départ se fit pendant la nuit. Le secret le plus sévère avait été gardé. Les femmes et les enfants des prisonniers ne purent les voir une dernière fois et partager, s'ils en avaient le désir, le sort des bien-aimés. La liste des déportés ne fut publiée que quelques jours après.

Les représentants Bac et Sarrut dénoncèrent à la tribune de l'Assemblée cette inhumaine infraction à la loi. — « Si l'on songe, s'écria Bac, que sept à huit mille familles sont dans l'ignorance du sort réservé à ceux qui les intéressent, on jugera de leur anxiété et de leur désespoir ». Et Sarrut : « Ceux qui restaient manquaient de pain, vous leur enlevez ceux qui leur en donnaient et vous laissez les familles mourir de faim. »

« A l'ordre ! à l'ordre ! » furent les cris qui accueillirent ces paroles généreuses et Sarrut dût quitter la tribune. Et ce fut tout.

Les réacteurs n'ont point d'entrailles.

Le transport des prisonniers s'était fait au milieu d'un grand déploiement de forces militaires.

Attachés trois par trois, — par les mains — et enfermés dans des voitures qui contenaient presque autant d'argousins que de transportés, les insurgés étaient escortés par les gardiens de Paris et la gendarmerie mobile. Ils furent ainsi conduits à la première station du chemin de fer de Rouen.

A leur arrivée au Havre, les prisonniers furent de nouveaux attachés, trois par trois. Pour aller jusqu'au bassin de la Floride, où se trouvait la frégate l'*Ulloa*, ils durent traverser la ville entre une double haie de gardes nationaux, de gardes de la marine, de pompiers et de soldats.

Les gendarmes restèrent sur la frégate. Ils devaient accompagner les insurgés jusqu'à leur destination provisoire. Ce premier convoi fut conduit à Cherbourg (1).

Les convois succédaient aux convois — et avec quelle rapidité! Chaque semaine, pendant la nuit, quatre à cinq cents insurgés étaient expédiés. Bientôt la frégate l'*Ulloa* fut insuffisante. Il fallut avoir recours au navire le *Darrien*.

A la date du 30 septembre, neuf « convois » ! Total: 3,429 personnes transportées dans les forts de Cherbourg, dans les pontons.

Les listes, publiées dans les journaux, donnaient, avec le nom des insurgés, leur profession : Ouvriers, médecins, artistes, étudiants — on en comptait une centaine parmi les prisonniers, — marchands s'y trouvaient inscrits pêle-mêle. De forçats, de réclusionnaires, pas la moindre trace.

Le troisième convoi avait emporté un vieillard de soixante-treize ans, un enfant de quatorze ans. Un autre convoi avait compté parmi les prisonniers Jean Bernard, serrurier en voitures. Cette victime des fureurs bourgeoises avait quinze ans ! Une autre avait huit ans. Un troisième convoi emporta un vieillard de 60 ans, décoré de cinq médailles de sauvetage et qui avait sauvé 76 existences.

Tout à coup, Paris apprit que plusieurs dépor-

---

(1) Voir : *Léonard Gallois* (Histoire de la Révol. de 1848).

tés allaient être ramenés. L'instruction, à leur égard, avait été par trop sommaire et les proscripteurs, pris d'un retour subit et momentané à la pudeur, voulaient réviser cette instruction. Le représentant Buvignier fit la proposition formelle d'autoriser les condamnés ou leurs fondés de pouvoir à prendre connaissance des accusations portées contre eux. Mais le « Comité de Justice » n'avait pas encore terminé l'examen de la proposition que déjà la transportation était chose presque entièrement terminée.

Quelques jours après, cependant, le pouvoir exécutif ordonnait que les dossiers des condamnés seraient soumis à la révision.

Mais récapitulons les travaux des Commissions militaires.

Des 10,948 insurgés, 6,000 furent rendus à la liberté ; 4,348 furent désignés pour la transportation.

Sur ces 4,348, 991 furent « recommandés à la bienveillance du gouvernement ». Restaient 3,357 transportés.

Admirons pareille promptitude et pareille sûreté de main dans l'exécution des *lois* et méditons!

XVII

LES CONSEILS DE GUERRE.

La *Justice* des conseils de guerre !...
Il est presque devenu banal de s'indigner contre l'application à des faits insurrectionnels et politiques de la procédure et du code militaire. Qui ne sait, en effet, aujourd'hui, que c'est là une terrible et grave atteinte portée au grand principe du « jugement par les pairs » — principe qui peut seul donner aux accusés toutes les garanties d'équité et d'impartialité, qui, chez les peuples civilisés, doivent être assurées même aux plus repoussants criminels.

La *justice* des conseils de guerre — appliquée à des insurgés vaincus — c'est là une monstruosité qui s'excuserait à peine chez une peuplade sauvage.

Ces soldats, ces officiers qui vont *juger* les insurgés, sont ces mêmes soldats, ces mêmes officiers, qui, hier, faisaient le coup de feu et commandaient la fusillade contre ces vaincus qui comparaisssent, aujourd'hui, devant eux. Plusieurs de ces juges militaires paraîtront à l'audience avec des épaulettes et des galons flambant neufs et qu'ils ont gagnés à l'assaut des barricades. Que devient la justice « sévère, calme, impartiale » ? Ces porte-sabres, vainqueurs, ne vont-ils pas traiter les vaincus en ennemis que les hasards de la guerre ont fait tomber entre leurs mains ? Ils apporteront au prétoire toutes les ardeurs, tous les entraînements, toutes les passions de la lutte. Leur sabre n'est qu'à moitié remis au fourreau; on le voit encore rouge du sang des compagnons de défaite de ceux qui vont être jugés.

La « justice » des conseils de guerre institués après juin 1848, ne devait s'appliquer qu'aux seuls « chefs et instigateurs de l'insurrection. » Et l'on assista à ce spectacle étrange et fait pour ébranler la conscience et le bon sens, même des réacteurs. Parmi les 229 insurgés jetés devant les tribunaux militaires, plusieurs furent condamnés à des peines relativement douces ou acquittés, — tandis que les *simples soldats* avaient été, en bloc, condamnés à la déportation.

Les scènes scandaleuses furent innombrables, aux conseils de guerre. Les présidents imposaient brutalement silence aux accusés; un d'entre eux apostrophait ainsi un insurgé : « Taisez-vous, *misérable*, vous êtes un « Raspail fini ». — Un autre, comme un témoin perdait l'aplomb sous le regard de l'accusé, s'écriait : « Portez sur vous des pistolets et *brûlez la cervelle* au premier qui vous insultera à raison de votre déposition. » — Presque toujours les juges militaires lançaient des paroles haineuses et outrageantes contre ceux qu'ils allaient juger.

Les tribunaux d'exception ont, de tout temps, cherché à déshonorer l'insurrection vaincue en condamnant les insurgés à des peines « infamantes. » Ceux de juin 1848, ne manquèrent pas à cette tactique ; ce qui faisait dire à un journal :

« Il y a dans la plupart des décisions rendues jusqu'à ce jour par les conseils de guerre, une chose qui navre l'âme et qui révolte l'opinion.

« Nous voulons parler de ces condamnations infamantes, pour des faits qui, de quelque manière qu'on les juge, n'impliquent pas assurément l'abjection du coupable et peuvent, dans bien des cas, n'être que l'aberration même d'un sentiment généreux.»

La peine des travaux forcés, appliquée à des accusés politiques, va contre la justice elle-même, car la conscience la désavoue et en relève le condamné. Il y a dans la dignité humaine une solidarité qu'il ne faudrait pas méconnaître et c'est toujours un malheur pour la justice, lorsque le châtiment réagit contre elle. »

Les juges militaires étaient impitoyables — c'est qu'ils avaient à cœur leur défaite de février 1848 ; ils prenaient leur revanche.

Toutes ces horreurs, toutes ces épouvantes, la France les a revues, après mai 1871.

L'attirail guerrier, les injures des « jugeurs » n'intimidaient guère les accusés. Beaucoup eurent une attitude superbe. Leur vaillance ne se démentait point. Ils se réclamaient audacieusement de la République démocratique et sociale ; ces intrépides ne consentirent jamais à « amener » leur rouge pavillon.

Le 19 août 1848, le 2ᵉ conseil de guerre, présidé par le colonel Destaing, du 61ᵉ régiment d'infanterie de ligne, jugeait le citoyen Victor Testulat, tonnelier, 37 ans, chef de barricades au quartier Saint-Antoine. Malgré ses dénégations formelles contre les faits allégués contre lui, l'accusé fut condamné : *Travaux forcés à perpétuité.*

Le même conseil de guerre condamnait, le 3 août, le citoyen Légénissel, artiste graveur, 35 ans. — Légénissel avait commandé les barricades de la place Lafayette — 10 ans de travaux forcés.

Le 26 août, toujours devant le même conseil de guerre, avait comparu le citoyen Racary, mécanicien, âgé de 31 ans, demeurant rue Saint-Antoine, 205.

L'accusé était vêtu de noir — un œillet rouge à la boutonnière.

Le représentant Galy-Cazalat, ingénieur, vint déposer en sa faveur : « Je ne puis rien dire sur l'affaire, déclara-t-il. Monsieur était chez moi en 1835, il était fort aimé. C'est un ouvrier très distingué, la tête un peu ardente peut-être, mais d'une bonne moralité. »

L'illustre et vieux Lamennais fit en faveur de l'accusé la déposition suivante qui produisit grand effet sur le public :

— « J'ai connu Racary ; M. Teste était alors chargé de me loger et je l'étais à Sainte-Pélagie. J'y ai vu Racary et je puis déclarer devant Dieu et devant les hommes que je n'ai jamais vu d'individu plus honnête, il était aimé et estimé de tous. »

En se retirant, Lamennais tendit sa main à l'accusé.

Après la lecture de l'acte d'accusation, Racary s'écria : « La République a été le seul rêve de ma vie, moi qui ai toujours désiré la République, ce n'est pas au moment où nous l'avions que je me serais armé *contre elle*; moi, vouloir le vol, le pillage ! j'ai combattu pendant quinze ans le despotisme et je n'attaquerais pas la République ! »

Racary fut condamné aux *travaux forcés à perpétuité*. Il est mort au bagne.

Hibruit, chapelier, chef de barricades de la rue des Nonains-d'Hyères, fut condamné par contumace à 20 ans de travaux forcés (18 septembre 1848).

Edouard Touchard, ex-montagnard, chef des barricades de la rue de Jouy, fut condamné par contumace aux travaux forcés à perpétuité (14 octobre 1848).

Voisambert, cordonnier en vieux, 59 ans, chef de barricades à la rue Planche-Mibray, fut condamné à 20 ans de travaux forcés (14 octobre 1848).

Le 21 octobre 1848, le 1ᵉʳ Conseil condamnait aux *travaux forcés à perpétuité* le citoyen Milon, 40 ans, loueur de voitures.

En sortant du prétoire, Milon s'écria « Nous ne sommes pas quitte mon commandant ; nous nous reverrons. Vive la République ! »

Milon, hélas! n'a pas « revu » le commandant Puech; Milon est mort au bagne.

André Bisgambiglia, 29 ans, mécanicien, comparaissait le 13 novembre 1848, devant le 1er conseil de guerre. — Cinq ans de prison.

« Cinq ans, fit Bisgambiglia, et c'est au nom du peuple souverain! çà m'est égal, quand même on me ferait sortir de prison à l'instant, je serais encore prêt à mourir pour la République démocratique et sociale, je ne suis pas jugé, je suis condamné. Vive la République démocratique et sociale! »

Le 22 février 1849, Mabile (Charles), 36 ans, marchand cloutier, fut condamné à 10 ans de détention.

— Vive la République! s'écria-t-il, je puis bien souffrir dix années pour elle... L'infamie des juges fait la gloire des condamnés. »

Le 7 mars 1849, le 1er conseil de guerre condamnait par contumace à 20 ans de détention le citoyen Lacollonge (Léon), 34 ans, rue Coq-Héron, 3, ancien président du club de Montreuil et rédacteur en chef de l'*Organisation du travail*.

Le 6 avril, Lacollonge fut arrêté et le 27 jugé contradictoirement.

« Lacollonge, dit le journal le *Droit*, est un jeune homme très brun, mis avec élégance; son maintien est ferme et assuré; sa physionomie est énergique. Il ne nie pas avoir pris part à l'insurrection... »

Le conseil de guerre maintint la première condamnation — 20 ans de détention.

Des femmes comparurent devant les juges militaires qui les envoyèrent au bagne.

La citoyenne Jeanne-Simonne-Catherine Leblanc, 50 ans, vernisseuse, était condamnée, le 27 mars 1849, par le 2ᵉ conseil de guerre, à 10 ans de travaux forcés.

Le citoyen Guérineau, modeleur mécanicien, 47 ans, fut amené devant le 2ᵉ conseil de guerre en compagnie de deux femmes, dont l'une était septuagénaire.

Les deux femmes furent acquittées ; Guérineau fut condamné à 20 ans de travaux forcés.

« En février, avait-il dit à ses juges, lorsque je combattais pour la République, je ne me doutais guère, en voyant paraître son auréole que, quelques mois plus tard, des hommes qui se cachent au moment du danger, pourraient, changeant de masque, réussir à me traduire à la barre d'un tribunal militaire, en société de deux femmes, à côté d'une femme septuagénaire. »

Barthélemy s'était illustré par son énergie et sa résolution. La barricade qu'il commandait au faubourg du Temple, avait longtemps résisté aux assauts répétés de la troupe, commandée par le dictateur Cavaignac en personne, et par le général Lamoricière. Barthélemy était homme de grand caractère et de trempe peu commune. Tel il avait été sur la barricade, tel il se montra devant ses juges.

Barthélemy (Emmanuel), 28 ans, mécanicien, comparut le 9 janvier 1849 devant le 2ᵉ conseil de guerre, présidé alors par le colonel Cornemuse.

Barthélemy avait, à la suite de l'insurrection de 1839, été condamné aux travaux forcés à perpétuité, pour avoir tué un sergent de ville (1). Lors de cette première condamnation, il avait dix-sept ans.

Le commissaire du gouvernement, M. d'Hennizel, rappela ces faits et traita Barthélemy de forçat libéré et d'assassin.

Alors, Barthélemy avec impétuosité : — « Je proteste !.,. »

Le président. — « Taisez-vous ! vous n'avez pas la parole.

Barthélemy d'une voix indignée et vibrante : — « Lorsque je suis attaqué dans mon honneur faudra-t-il donc me taire ? Non ! je dois.....

Le président. — « Taisez-vous, vous dis-je !

Barthélemy. — « Comment ! on me traite d'assassin et je ne puis répondre ! Pensez-vous donc m'effrayer avec vos menaces ! Je vous ai vu sur les barricades, vous ne m'avez pas fait peur. Il en sera de même ici.

L'avocat, M⁰ Charles Dain, s'écrie que son client a été condamné pour une affaire politique.

Le commissaire. — « Pour moi, un assassinat est toujours un assassinat.

Barthélemy. — « C'est dans le cas de légitime défense que j'ai tiré un coup de pistolet sur un

---

(1) Barthélemy avait été libéré, le 24 mars 1848, par décret du gouvernement provisoire.

sergent de ville. Je porte encore sur moi les traces des blessures qu'il m'a faites et il ne pourrait en dire autant. »

Et Barthélemy montre sa main mutilée à laquelle il manque un doigt.

Le commissaire. — « Je n'établis pas de différence entre les assassins de la veille et ceux du lendemain.

Barthélemy. — « Assassin! Il n'y a pas plus d'assassins ici que sur les barricades! »

A ces paroles, l'auditoire éclate en applaudissements frénétiques, et le président fait évacuer la salle.

A la reprise de l'audience, Barthélemy demande la parole.

— « Citoyens, dit-il, avant de répondre à vos questions, je tiens à établir quelques faits qui ont été présentés sous un faux jour. A l'occasion d'une condamnation que j'ai subie à la suite des affaires de 1839, le capitaine rapporteur m'a traité d'assassin et m'a jeté comme une injure ces deux mots : Forçat gracié. — Voici de quelle manière j'ai subi ma condamnation :

« Plusieurs fois, j'avais été frappé et maltraité par un sergent de ville lors des assommades qui ont eu lieu sous Louis Philippe. Ce sergent de ville avait fait partie de la *Société des Saisons*. Après avoir dénoncé ses camarades, cet homme est entré dans la police et a servi longtemps d'agent provocateur. »

« En 1839, lors de l'insurrection, je revis ce misérable ; sa présence m'indigna, je voyais en lui un ennemi, je fis feu ; je l'ai manqué ; j'en suis content. »

« Arrêté pour ce fait, on me plaça dans l'alternative ou de dénoncer mes camarades ou d'aller au bagne — j'ai préféré aller au bagne. (Sensation profonde dans l'auditoire.)

« Voilà la vérité, je l'affirme sur l'honneur ! »

— *Le Président* — « Vous êtes jeune, 17 ans, et les jurés, vos pairs, ont toujours eu une grande indulgence, surtout pour un âge aussi peu avancé. Il faut donc que le fait ait été d'une plus grande gravité que vous ne le dites. »

Barthélemy — Pardon. Vous me parlez de mes pairs ; mais est-ce que par hasard les jurés d'alors, la bourgeoisie, étaient mes pairs ? vous ne pourriez le dire ! »

« Et maintenant, permettez-moi de vous dire que vous faites des forçats facilement. Croyez-vous donc par hasard que les honnêtes ouvriers attachent à la qualité de forçat, lorsqu'elle est donnée par vous, le sens que vous lui attachez ? Non, certes, tous les hommes que vous condamnez ne perdent rien de l'estime de leurs camarades. »

Le président. — « Les condamnations que nous prononçons sont pour affaires politiques. En 1839, vous n'étiez pas dans ce cas. »

Barthélemy. — Je le répète, si je n'ai pas été condamné comme politique, c'est que je n'ai pas voulu dénoncer mes camarades. »

« De mes paroles, ne tirez pas la conséquence que je méconnaisse en rien votre caractère ; non, citoyens, mais tout en vous rendant justice, je ne puis voir en vous des juges, je n'y vois que des ennemis politiques. En 1839, il en était de même, on m'a condamné comme ennemi politique. »

Le commissaire. — « Nous ne pouvons admettre cette distinction. Vous avez été condamné aux travaux forcés à perpétuité ; à nos yeux vous n'êtes qu'un forçat. »

Barthélemy. — « Si les héros de Février n'avaient pas eu la victoire, ce seraient maintenant des forçats. »

Ces paroles profondes et amères remuèrent profondément les spectateurs.

Barthélemy revendiqua fièrement toute la responsabilité de ses actes. Il lança aux juges ces courageuses paroles :

« Je suis soldat de la République démocratique et sociale. Faites de moi ce que vous voudrez. Un condamné politique n'est jamais un coupable, c'est toujours une victime. »

« Dût-on me piler dans un mortier, j'accepte la conséquence de mes actes. Croyez-vous que les ouvriers regardent comme des forçats ceux qui sortent du bagne, après vos condamnations ! Quand je descends dans la rue, peu m'importe de donner ma vie ; mais je ne veux pas qu'on me flétrisse. Je ne tremblerai pas plus ici que je n'ai tremblé sur les barricades. »

Barthélemy fut condamné aux travaux forcés à perpétuité. En entendant sa condamnation, il prononça ces simples paroles, avec le plus grand calme :

« Je souhaite que cette condamnation ne vous laisse pas de remords. »

— Quelques jours après, Barthélemy échappait à ses ennemis, le 12 janvier 1847. En compagnie du docteur Lacambre, qui était détenu avec lui, il s'évadait de la prison militaire des conseils de guerre (1).

Le 15 janvier 1849, commencèrent, devant le 2ᵉ conseil de guerre, les débats d'un procès qui, plus que tout autre, excitait l'attention et l'émotion du public. Il s'agissait de *l'affaire Bréa*.

Vingt-six accusés comparurent ensemble devant le tribunal militaire (2). Les débats durèrent plus de vingt jours, du 15 janvier au 9 février. Des inci-

---

(1) Lacambre a raconté cette audacieuse et émouvante évasion. *Évasion des prisons du Conseil de guerre*, par Lacambre (Bruxelles, 1865, in-3!).

(2) Daix, journalier, 40 ans. — Guillaume Pierre, dit la Barbiche, batteur en grange, 27 ans. — Coutant, tonnelier, 23 ans. — Beaude, cordonnier, 23 ans. — Monis, charcutier, 33 ans. — Goué, dit Lapointe, contre-maître tanneur, 31 ans — Masson, idem, 26 ans. — Paris, marchand de chevaux. — Quintin, garçon maçon, 2 ans. — Lebelleguy, cotonnier, 17 ans. — Naudin, journalier, 30 ans. - Gautron, 24 ans. — Luc, employé des ponts-et-chaussées, 37 ans. — Moussel, ouvrier des ports, 33 ans. - Vappreaux aîné, marchand de chevaux, 34 ans. - Vappreaux jeune, id. 25 ans. — Dugas, 33 ans. — Lahr, maçon, pompier de la garde nationale, 29 ans. — Nourrit, garnisseur de couvertures, 18 ans. — Bussière, bijoutier, sous-lieutenant de la garde nationale, 35 ans — Chopart, employé de librairie, 23 ans. — Nuens, horloger, 35 ans — Brassa, 27 ans.

dents — émouvants et terribles — se produisirent fréquemment et allèrent au dehors passionner le peuple de Paris. Tous ressentirent un grand étonnement mêlé de cette admiration qu'a toujours montré le public en présence de l'audace d'un accusé. Ces sentiments étaient provoqués par l'attitude d'un des insurgés impliqués dans l'affaire et contre lequel s'élevaient les charges les plus graves. Cet insurgé, c'était Nourrit, un adolescent de 18 ans, — presque un enfant.

L'aspect de ce gamin de Paris frappait le rédacteur du journal *le Droit* au point qu'il écrivait : « La tête de Nourrit donne à penser. Il doit y avoir quelque chose là. »

A l'audience du 18 janvier, un accusé, Lebelleguy, déclara que Nourrit avait tiré le premier sur le général Bréa.

Nourrit — « Le citoyen Lebelleguy ment très bien, j'ai tiré dans le feu de peloton. »

Le Président. (Cornemuse). — « Quels sont ceux qui ont tiré en même temps que vous ? »

Nourrit de répliquer : — « Je ne suis pas pétri de la pâte des délateurs »

Le Président. — « Il n'y a pas de délation quand il s'agit d'un assassinat... »

Nourrit. — « Il n'y a pas eu d'assassinat ; j'avais été fait prisonnier ; les mobiles m'avaient abîmé de coups de crosse et de mauvais traitements. *Je m'ai revengé*. Ce n'est pas de l'assasinat ! c'est de la guerre ! » (Mouvement).

Le président. — « De la guerre ! Si vous continuez, je

vous ferai sortir de l'audience, vous êtes un misérable assassin. »

Nourrit (et sa voix tremble d'indignation et d'émotion) : — « Ne me donnez pas un titre qui vous appartient à vous, aux vôtres, à tous les assassins du peuple!! »

L'émotion est à son comble. Deux gendarmes empoignent Nourrit et l'emmènent hors de la salle. Le conseil appliquant l'article 10 de la loi du du 9 septembre 1848, décide que Nourrit « *ne reparaîtra plus à l'audience.* »

Entre deux audiences, les accusés s'étaient vus l'objet d'une curiosité indécente de la part de « gens bien pensants » que le greffier avait introduits dans la casemate des prisonniers.

Dans l'audience du 30 janvier, Daix se plaignit de ces impudentes obsessions.

— « M. le président, voulez-vous me permettre de demander si un greffier a le droit, ainsi que l'a fait monsieur, d'abuser de ses fonctions pour introduire dans la casemate où sont entassés des malheureux, cinq à six personnes, des curieux, des journalistes auxquels il nous désignait, en disant : « Celui-ci a fait ceci, celui-là a fait cela ».— Un tas d'infamies, enfin. Si bien que le lendemain de cette visite, il paraissait dans le *Journal du Loiret* des détails sur chacun de nous et jusqu'à nos portraits. Ainsi l'on disait de moi : « il a le front déprimé, les yeux vitreux, il est gravé de petite vérole. » Est-ce là le devoir d'un greffier ? Je le demande. (*Sensation*). Et savez-vous ce qui en est résulté, c'est que l'opinion publique s'est formée sur des renseignements ainsi donnés et que depuis ce moment, je passe dans tout Paris pour un infâme. »

N'est-ce pas que voilà bien prise, sur le vif, toute la dignité de la classe gouvernante, de cette classe qui ne sait pas triompher dignement et qui mérite d'être rappelée à la pudeur par les « criminels » les « assassins »!...

Le 7 février, les juges militaires prononcèrent le jugement. Daix, Nourrit, Chopart, Lahr, Vappreaux jeune furent condamnés à la peine de mort. — Nuens, Gautron, Lebelleguy, aux travaux forcés à perpétuité. — Beaude, Masson à un an de prison. — Monis, Goué, Dugas, Naudin à dix ans de travaux forcés. — Moussel à cinq ans de travaux forcés. — Geru, 2 ans de prison. — Boulley, Paris et Brassa, Bussières, Vappreaux ainé, 10 ans de détention.

Guillaume, Coutant, Quintin furent acquittés.

Lecture du jugement fut donnée aux accusés par le capitaine Plée, dans la prison, à minuit. Les condamnés furent aussitôt mis dans deux voitures et conduits au fort de Vanves, à une heure du matin. Ils étaient escortés de deux escadrons de dragons, sabre au poing.

Daix et Lahr allaient être bientôt exécutés. Nourrit, Vappreaux jeune et Chopart eurent leur peine commuée en celle des travaux forcés à perpétuité.

Nourrit est encore au bagne. — Trente-deux ans après l'écrasement de l'insurrection de juin!—Il y fut jeté à l'âge de 18 ans, et aujourd'hui il a cinquante ans; il est presque un vieillard.

La Commune, dans sa séance du 27 avril, en même temps qu'elle ordonnait la démolition de l'église Bréa (1), vota l'amendement suivant:

« La Commune déclare en outre qu'elle amnistie le citoyen Nourrit, détenu depuis vingt-deux ans à Cayenne, à la suite de l'exécution du traître Bréa.

La Commune le fera mettre en liberté le plus tôt possible. »

Ce décret n'a pas encore été appliqué...

Le 3 mai, cette même Commune décidait qu'une pension serait allouée à la mère du forçat Nourrit.

Une poignante et douloureuse émotion nous a pris, alors que nous exhumions des journaux judiciaires, où elles étaient enfouies, les fières et ardentes paroles que nous venons de citer. Mais comme nous étions, en même temps, heureux et fiers de pouvoir remettre en lumière le nom des vaillants accusés et de rassembler ainsi quelques pages oubliées du « Livre d'Or » du prolétariat!

Les conseils de guerre n'eurent pas qu'à juger et à condamner des hommes, des vieillards, des femmes, des enfants — des insurgés. Des soldats, des *vainqueurs* comparurent devant eux. Entr'autres, le fusilier Bolot, du 74ᵉ de ligne. Ce « sauveur de la société » s'était présenté chez la citoyenne Bussière, femme d'un accusé dans l'affaire Bréa. A cette malheureuse, il raconta que son mari allait être

---

(1) Voir plus haut, page 49.

transporté et qu'il l'avait chargé de demander pour lui quelque argent.

La pauvre femme réunit ce qu'elle pouvait avoir de gros sous et remit au fusilier Bolot la somme de neuf francs. Elle avait été victime d'une escroquerie. Le 1ᵉʳ conseil de guerre se vit forcé de condamner le voleur à un an d'emprisonnement.

Le 26 septembre 1848, le 1ᵉʳ conseil de guerre avait déjà condamné à trois mois de prison et déclaré déchu de son grade le chef d'escadron d'état major, Achille Constantin. Cet officier fût arrêté aux Tuileries dans l'exercice de ses fonctions de rapporteur auprès des conseils de guerre. Il fut convaincu d'avoir pris part à l'insurrection. Un insurgé qu'il interrogeait se montra fort surpris de le voir là :

— « Rappelez-vous donc, ajouta-t-il, que vous deviez être notre ministre de la guerre. »

Les conseils de guerre « travaillèrent » longtemps.

Enfin, en mai 1849, le ministre de la guerre adressait au président de la République son rapport sur la justice militaire. Nous y lisons :

« Les tribunaux militaires ont soutenu avec avantage les *luttes* engagées dans l'arène judiciaire. Les juges instructeurs et commissaires du gouvernement, par le zèle, par l'aptitude qu'ils ont mis à l'accomplissement de leurs devoirs, ont facilité aux conseils de guerre les moyens de lever et de résoudre toutes les difficultés qui se sont présentées. Il s'agissait de *défendre* et de faire *triompher* la cause de l'ordre contre l'anarchie, de prouver que la justice de l'armée n'est pas indigne d'être placée, dans l'opinion du pays, au rang des institutions judiciaires qui offrent la garantie que demande la juste et impartiale application des lois. »

On n'est jamais mieux jugé que par les siens ; et ces mots du chef des « jugeurs » en disent plus long que nous ne saurions le faire, sur l'excellence de la « justice » militaire.

« *Luttes de l'arène judiciaire, faire triompher la cause de l'ordre...* » Avions-nous tort de dire plus haut que les officiers poursuivaient dans le prétoire la lutte qu'ils avaient commencée dans la rue ?...

XVIII.

LES PONTONS. — LE BAGNE. — L'AMNISTIE REFUSÉE. EXÉCUTION DE DAIX ET DE LAHR.

Les vainqueurs jugèrent que la transportation en masse et les conseils de guerre n'avaient pas fait assez de vide dans les rangs décimés de la « race maudite. »

Le général Lamoricière ayant présenté un projet de loi pour l'établissement de colonies agricoles en Algérie, l'Assemblée s'empressa de voter 50,000 millions de crédit. Les réacteurs ne virent dans la colonisation qu'un *exutoire* pour la population prolétarienne. — Bientôt 12,000 prolétaires se laissèrent prendre à cet appât. Arrivés en Algérie, ils ne trouvèrent rien de prêt, et, dénués de tout, devinrent la proie de la faim et du choléra. — « Autant de moins », durent se dire les proscripteurs.

L'inhumanité des vainqueurs se montrait dans toute sa hideur, sur les pontons de Brest, l'*Uranie*, la *Guerrière*, la *Didon* et la *Belle-Poule*. Les transportés, entassés dans ces prisons flottantes, étaient mal et peu nourris, sans les vêtements indispensables, assujettis à la plus rigoureuse discipline. Comme un journal, la *République*, protestait contre les tortures infligées aux « empontonnés », le gouvernement fit poursuivre son gérant, M. Barest Mais ce dernier fut acquitté par le jury.

Au bagne, les forçats de Juin se virent complètement assimilés aux forçats de droit commun. Le « forçat » Racary écrivait du bagne de Rochefort, en date du 21 janvier 1849, au représentant Detours :

« Citoyen représentant,

« Nous sommes arrivés au bagne de Rochefort, le 20 courant. Je vous épargne les tristes détails de l'existence du bagne, je suppose que vous avez eu sans doute l'occasion d'en visiter un. Nous sommes assimilés au sévère régime des galères, mêlés aux assassins et aux voleurs.

« Cher citoyen, donnez, je vous en supplie, ces

tristes détails aux représentants de la Montagne et annoncez-leur que, loin d'être traités comme des républicains, nous sommes au contraire, considérés comme des voleurs. »

RACARY, *condamné politique.* »

Tant de souffrances — racontées dans plusieurs journaux, — avaient fini par éveiller la pitié publique. L'émotion s'était accrue à la suite de révélations singulières. Il fut prouvé que les proscripteurs et les « jugeurs » avaient frappé des *innocents* et ici, qu'on ne se méprenne point sur notre pensée, par *innocents*, nous voulons seulement désigner les individus qui n'avaient point pris ou *n'avaient pu* prendre part à l'insurrection.

M. Gellé, nommé quelques jours avant les journées de Juin, sous-préfet à Boulogne, avait été désigné pour la transportation. — Il était coupable d'avoir été pharmacien, et les insurgés avaient fabriqué de la poudre dans sa pharmacie, au faubourg Saint-Antoine! Il fut prouvé qu'il avait vendu sa pharmacie bien avant l'insurrection.

M. Madier-Montjau cita devant le conseil de guerre ces mots d'une lettre du colonel d'état-major, commissaire de la première division : « Les individus que vous me demandez ne sont pas entre les mains de l'autorité militaire. Cazavan est en fuite, *les deux autres ont été transportés par erreur.* »

Mieux encore. Le docteur Lacambre, après son évasion, fut condamné, par coutumace, à la déportation, comme « coupable d'avoir pris part à l'insurrection de juin. » Or, Lacambre était arrêté depuis le 27 mai pour l'affaire du 15 mai !

Les chiourmes et les prisons de la contre-révolution ne rendent pas facilement leurs victimes, on le sait. Cependant, pour apaiser la commisération publique qui allait grandissant, le gouvernement crut devoir « jouer la clémence. » Et, le 12 novembre 1848, à l'occasion de la promulgation de la Constitution, 149 détenus furent mis en liberté.

Le 25 novembre, le *Moniteur* publiait une liste de 184 détenus *grâciés* sur la propostion de la Commission des mises en libertés. Parmi ces *grâciés*, trente femmes, dont l'une âgée de 17 ans, Désirée Picplus, brodeuse Le 4 mai 1849, nouvelles grâces. A propos de l'anniversaire de la proclamation de la République par l'Assemblée nationale, 1220 personnes furent grâciées. « A cette époque, disait le *Moniteur*, près de 3,000 détenus attendaient le règlement définitif du mode et des effets de la transportation. 1225, considérés comme les plus dangereux, sont enfermés dans le fort de Belle-Isle-en-Mer. »

La Montagne, cependant, revenue des terreurs qui l'avaient empoignée pendant la bataille, réclamait l'amnistie générale; le 14 octobre 1848, le représentant Démosthènes Ollivier, déposait, sur le bureau de l'Assemblée, une proposition d'amnistie signée par 59 représentants. L'Assemblée adopta les conclusions du rapport du Comité de Justice qui repoussait l'amnistie. (1er février 1849.)

Parmi les implacables qui votèrent contre l'amnistie, citons:

MM. *Barthélemy-Saint-Hilaire, Baze, Beslay, Bonjean, Buffet, Cavaignac, Corne, Lamartine, Lamoricière, Rouher, Sénard, etc.*

Quelques jours plus tard, la même proposition était reprise et, cette fois, M. Sénard qui avait voté contre, le 1ᵉʳ février, l'appuya. C'est que M. Sénard était enfin pris par le remord. A la tribune, il avoua : « Quand j'ai vu que les hommes réservés comme les plus coupables n'avaient été condamnés par les conseils de guerre, au moins beaucoup d'entre eux, qu'à des peines de trois mois ou de six mois d'emprisonnement, et d'autres acquittés, il m'a paru impossible que l'Assemblée laissât peser sur ceux que nous avons regardés comme les moins coupables une durée de détention illimitée. »

L'Assemblée ne partagea point les remords de M. Sénard et l'amnistie fut encore repoussée. Votèrent contre : MM. *Odilon Barrot, Bastiat, Ferrouillat, Victor Lefranc, de Tillancourt, Thiers*, etc., etc.

Les vaincus de Juin ne devaient pas être amnistiés. — Le 2 octobre 1849, M. Dufaure présentait à l'Assemblée législative, un projet de loi relatif à la transportation des insurgés de Juin en Algérie. La durée de la transportation était fixée à dix ans. M. Dufaure annonçait en même temps qu'un certain nombre d'insurgés allaient être grâciés. « Un certain nombre » c'est-à-dire les « domptés » (1);

---

(1) Vermorel — *Les Hommes de 1851*.

les autres, les *invaincus*, au nombre de 468, furent transportés à Lambessa.

Le samedi 17 mars 1849, les répresseurs avaient fait deux sacrifices humains aux mânes du général Bréa. Ce jour-là, Daix et Lahr furent guillotinés à la barrière de Fontainebleau. Ils moururent courageusement.

20,000 hommes de troupe avaient été envoyés sur le lieu de l'exécution. L'artillerie, en batterie, occupait les abords de la barrière. Douze pièces de canons, deux à deux, étaient braquées dans différentes positions, au rond-point situé à l'extrémité de la rue Mouffetard.

Le 18 mars, Charles Delescluze publiait dans le journal la *Révolution démocratique et sociale*, à propos de cette exécution, un article intitulé « *L'Échafaud politique* » et qui se terminait ainsi :

« Les insensés ! ils ont relevé l'échafaud politique... En donnant ce triste dénouement au terrible drame de la guerre civile, ont-ils oublié que, parmi les vainqueurs de Juin, on pouvait compter plus d'un lâche assassin et que l'impunité donnée à ceux qui, sous le drapeau de l'ordre, ont souillé leurs mains de meurtres inutiles, devient un crime après l'exécution de Daix et de Lahr ! N'ont-ils jamais songé qu'en tuant deux enfants du peuple, ils pouvaient amener des représailles !

. . . .

« Quant au peuple, il ne comprendra jamais les subtiles distinctions qu'on veut établir entre les déplorables incidents de la guerre civile, il ne comprendra pas surtout que l'uniforme absolve des actes que, sous la blouse, on paie du dernier supplice. C'est que le peuple a le sentiment profond de la Justice et de l'Égalité. »

Puis Delescluze rappelait que Louis Bonaparte, président de la République, avait, à Boulogne, tiré à bout portant des coups de pistolet sur des soldats français et il poursuivait: « La France a conservé la mémoire de l'exécution de Buzançais. Là encore, c'étaient de pauvres travailleurs qui mouraient parce que, dans le désespoir de la faim, furieux d'avoir vu tomber un des leurs sous la balle d'un riche, ils avaient tué le riche. »

« L'échafaud de Buzançais a porté malheur à Louis-Philippe. Mais les leçons du passé sont perdues pour les continuateurs de la monarchie. »

« Que le sang de Daix et de Lahr retombe sur ceux qui ont provoqué les douloureuses affaires de Juin! »

Charles Delescluze était condamné, le 10 avril 1849, par la Cour d'assises, à *trois ans de prison* et *dix mille francs d'amende* (1).

---

(1) Le gérant du *Peuple*, Duchêne, pour trois articles sur l'exécution de Daix et de Lahr était, à son tour, condamné le 1er mai 1849, à *cinq ans de prison et douze mille francs d'amende*.

XIX

LES RESPONSABILITÉS.

Le prolétariat a compris enfin la nécessité de s'organiser en parti distinct, de rompre avec tous les vieux partis bourgeois, qu'ils soient monarchistes, libéraux, républicains, radicaux ou révolutionnaires. Trop longtemps, il a été dupé par les belles phrases et les tirades grandiloquentes des « *illustres historiens* » des « *vaillants tribuns* » et des non moins « *vaillants journalistes* » de la classe possédante et gouvernante.

Un prolétariat conscient et organisé, un prolétariat connaissant *son histoire* n'eût certes pas attendu jusqu'à ce jour, pour s'éloigner, plein de mépris et de haine, de tous ces « illustres » et de tous ces « vaillants ». Le prolétariat, s'il eût connu *son histoire*, n'aurait pu oublier qu'en Juin 1848, tous les lugubres fantoches du radicalisme et du révolutionnarisme bourgeois avaient, avec un touchant ensemble, participé à son écrasement.

Mais il n'est jamais trop tard pour apprendre, prolétaires ! Et le mal sera bien vite réparé, si vous savez mettre à profit les leçons de l'histoire.

Quand, dans des journaux prétendus populaires, nous lisons les écœurantes et impudentes louanges — fréquemment renouvelées — à l'adresse des « illustres » répresseurs ou des « vaillants » complices de la répression de Juin 1848, nous sommes pris d'indignation et de colère à l'idée que, trompés par les jésuitiques « hosannahs » de la presse radicale, les fils des massacrés de Juin peuvent absoudre — et glorifier, eux aussi, peut-être, les « fusilleurs » de leurs pères!

Il est temps que cela finisse. « A chacun selon ses œuvres » Et tant pis pour les tribuns, les historiens et autres pontifes du radicalisme, si l'éclat de leur auréole, qui aveugle les ignorants et les oublieux du passé, se trouve terni par l'inexorable et irrécusable Histoire.

La *Commission exécutive* qui, au commencement de l'insurrection, fit mitrailler le peuple avec tant d'ardeur, était composée comme suit: MM. François Arago, Garnier-Pagès, Marie, Lamartine, Ledru-Rollin — Pagnerre, secrétaire de la Commission.

Etaient ministres: Crémieux (Justice); — Jules Bastide (affaires étrangères);—Jules Favre, sous-secrétaire;— Charras (Guerre) par intérim; — Vice-amiral Cazy (marine); — Trélat, travaux publics; — Flocon, agriculture et commerce; — Carnot, instruction publique; —Bethmont, cultes; — Duclerc, finances.

Beaucoup, parmi ces gouvernants, sont morts aujourd'hui. Mais les journaux bourgeois ne manquent jamais une occasion de décerner des palmes civiques à ces défunts « *amis du peuple.* » Comédie !

Eugène Cavaignac, ce dictateur nommé par une assemblée ivre de répression, ce soldat brutal qui usa contre les Parisiens des sauvages procédés de la guerre d'Afrique, ce pandour, ce *boucher*, les républicains bourgeois ont voulu en faire un président modèle. Tant de cynisme épouvante et les adulateurs auraient-ils osé entreprendre pareille besogne, s'ils n'avaient compté sur l'ignorance et la bonhomie du prolétariat !

Charles Delescluze a dit de cet homme néfaste :

« C'est, je crois, le seul monument (la forteresse politique de Belle-Isle) que la France doive au règne néfaste de M. Cavaignac. Misérable instrument des partis contre-révolutionnaires, le frère de notre Godefroy ne pouvait laisser un symbole plus significatif de sa dictature. Nouveau Scylla, il aura, le premier en France, mérité de croiser dans ses armes, l'épée sanglante qui s'abaissa sur des prisonniers et des blessés avec la clef du geôlier et les tablettes du proscripteur (1) ».

Et Vermorel :

« Non, entre M. Cavaignac et la démocratie, entre M. Cavaignac et la liberté, entre M. Cavaignac et la République, il ne saurait y avoir rien de commun. (2) »

Et nous ajouterons, nous : les fils de massacrés ne cesseront de maudire la mémoire du massacreur.

---

(1) *De Paris à Cayenne*, par Ch. Delescluze.
(2) *Les hommes de 1848*, par Vermorel.

Le 23 juin, un jeune représentant, ex professeur de rhétorique, montait à la tribune de l'Assemblée pour réclamer l'état de siège et la dictature. Ce représentant se nommait Pascal Duprat. Aujourd'hui, cet amant du sabre est député de Paris, de Paris par trop oublieux du passé. Quelle honte pour la ville du 18 mars !

On a vu la lâche pusillanimité de la Montagne, s'associant aux félicitations votées aux vainqueurs. Les farouches Montagnards, eux aussi, donnèrent leur approbation au massacre des prolétaires.

Monsieur Louis Blanc dont on connaît la triste conduite lors de l'insurrection de 1871, avait déjà débuté en 1848. Avant de « féliciter » Thiers, il avait « félicité » Cavaignac.

Dans la séance du 24 août 1848, M. Louis Blanc fit un discours en réponse au rapport de la Commission d'enquête.

On l'avait accusé d'avoir excité à l'insurrection et lui de s'en défendre par ces piteuses paroles :

« Personne n'est demeuré plus complètement étranger que moi à ces malheureuses affaires, personne, n'a plus que moi profondément gémi sur ce déplorable conflit dont la première nouvelle m'a été donnée par mon concierge, au moment où je me rendais à l'Assemblée. Je suis venu dans cette salle, le 23 juin, dès l'ouverture de la séance, je n'ai pas un seul instant quitté l'Assemblée Il était donc d'une impossibilité matérielle, absolue, qu'on me compromit dans ces évènements. »

Et c'est là cet homme politique dont les farceurs

de la réaction ont pendant si longtemps fait un épouvantail, ce pauvre homme s'évertuant à prouver qu'il était bien *présent* à l'Assemblée, tout comme un écolier accusé d'avoir fait l'école buissonnière. Malgré tout, l'Assemblée autorisa des poursuites contre M. Louis Blanc. Ah! les réacteurs sont parfois bien ingrats.... Efforcez-vous donc de leur donner des gages!

En 1871, un ignare « rural » de l'Assemblée versaillaise, M. de Juigné, accusa M. Louis Blanc « d'avoir contribué aux journées de juin et d'avoir contribué aussi à celles qui venaient d'avoir lieu à Paris. »

M. Louis Blanc, déclara bien inutilement, n'est-ce-pas ? « de la manière la plus formelle que cette accusation était injuste. »

Un réacteur compatissant donna un certificat de bonne conduite au député de Paris et l'on entendit M. Richier s'écrier: « *j'atteste qu'en 1848, M. Louis Blanc a toujours été avec nous pendant le combat.* » (Séance du 21 mars 1871.)

Parfaitement, M. Richier, nous savions, nous aussi, que M. Louis Blanc, en juin 1848, avait été du côté des massacreurs.

Victor Hugo, lui, marcha à l'assaut des barricades. On le vit à la tête de la garde républicaine.

Le *Moniteur* du 11 juillet racontait:

« Aujourd'hui MM. Victor Hugo et Ducoux ont amené à l'Assemblée nationale et présenté au président un intrépide garde national de la 6ᵉ légion, M. Charles Bérard, blessé en prenant le drapeau de la barricade de la barrière des Trois-Couronnes.

« Charles Bérard était de ceux qui avaient accompagné MM. Victor Hugo et Galy-Cazalat dans la journée du samedi à l'attaque et la prise des barricades du Temple et du Marais, attaque qui n'eût lieu comme on sait, qu'après que M. Victor Hugo eût épuisé tous les moyens de conciliation. »

. . . .

La conduite de Victor Hugo, pendant les journées de Juin faisait dire à un historien anonyme de l'insurrection : « Victor Hugo a noblement rempli son rôle dans ces jours de combats (1). »

Eh bien ! non ; il n'est jamais *noble* de concourir à l'écrasement des meurts de faim et des déshérités, quand ils se lèvent pour la conquête de leurs droits et qu'ils luttent pour leur affranchissement et l'amélioration de leur sort. Au contraire, et c'est toujours, sinon un crime, à tout le moins une grande faute. Et nous sommes sûrs qu'aujourd'hui Victor Hugo ne nous démentirait point.

Victor Hugo d'ailleurs appartenait, en Juin 1848, à la droite de l'Assemblée ; il se battit contre les insurgés, il y a loin de son attitude à l'écœurante pusillanimité des Louis Blanc et autres Montagnards qui faisaient professions d'aimer et de servir le peuple. Mieux vaut, en somme, un ennemi déclaré que de prétendus amis tremblants et lâches.

Longue serait la liste des répresseurs implacables

---

(1) *Journal de l'Insurrection de Juin*, par un garde national.

de l'insurrection ouvrière de Juin 1848. Elle irait du président Sénard au Jésuite de Falloux, en passant par les républicains Marrast et Flocon, par les Thiers, les Bonjean et autres libéraux..

Il nous suffira pour terminer de rappeler le nom de M. Eugène Pelletan, alors rédacteur du *Bien Public*. Ce journal avait déversé l'outrage et la calomnie sur les insurgés, avait hurlé la répression. Ce journal donna son approbation à tous les actes du boucher Cavaignac.

« Refoulez, général, — disait dans le *Bien Public*, M. Eugène Pelletan au dictateur, — refoulez, devant le poitrail de votre cheval, le dernier débris de l'anarchie ; écartez du bout de votre épée les derniers obstacles. »

M. Pelletan est aujourd'hui vice-président du Sénat, il a été un de ces « vaillants » journalistes qui ont « *combattu pour le peuple et la liberté.* »

XX

CONCLUSION

Après la défaite du prolétariat, la réaction bourgeoise marcha à pas accélérés, débarrassée qu'elle était des socialistes-révolutionnaires. Chaque jour vit sombrer une des libertés, un des droits que le peuple avait, en février, conquis à coups de fusil.

L'état de siège, les journaux supprimés, le cautionnement rétabli, les clubs fermés ou réglementés, le décret qui réduisait les heures de travail rapporté, le sabre seul maître et tout puissant, achevèrent l'écrasement. C'en était fait de la Révolution.

Bientôt Bonaparte poursuivait l'œuvre d'extermination si bien commencée par Cavaignac. La Législative succédait à la Constituante, et la nouvelle Assemblée était, comme sa devancière, possédée de la même fureur implacable contre le socialisme et le prolétariat.

Bientôt les radicaux bourgeois étaient, à leur tour, poursuivis par les réacteurs, c'était logique : la contre-révolution ne s'arrête jamais dans sa marche rétrograde. Les radicaux firent au peuple des avances ; pour gagner sa confiance, ils prirent l'étiquette de socialistes. Tout fut inutile. Le peuple se souvenait encore de Juin ; et quand, le 13 juin 1849, les Montagnards l'appelèrent aux armes pour défendre la Constitution violée par les assassins de la République romaine, le peuple n'entendit pas leur appel. C'est qu'il n'avait pas à combattre pour les Montagnards qui avaient été les complices de ses mitrailleurs. La Montagne fut vaincue. Le châtiment commençait.

Mais le socialisme n'était pas mort, peut-il mourir seulement ? — Il avait survécu à la fusillade, il était tout aussi redoutable que jamais. Les réacteurs firent contre lui « l'expédition de Rome à l'intérieur (1). Ni les calomnies, ni les coups de force ne purent en venir à bout.

Le mouvement réactionnaire, sans cesse s'accentuant, on arrivait en 1851. Tous les partis rétrogrades cherchaient à tuer la République, à s'emparer du pouvoir ; tous préparaient plus ou moins ouvertement un coup d'état. Enfin, le plus audacieux de ces conspirateurs, devançait les autres gredins, ses compétiteurs — et le 2 décembre « faisait le coup » à son profit. L'irritation des compagnons du Bonaparte dans sa lutte contre la Révolution fut vive. Ils étaient joués.

Les républicains bourgeois voulurent résister au bandit. Il était trop tard. N'avaient-ils pas, eux aussi, aidé à l'égorgement de la République, en décimant le prolétariat révolutionnaire. Ces républicains, ces vainqueurs de Juin, appelèrent le peuple aux armes pour la défense de la République.

En décembre 1851, comme le 13 juin 1849, leur appel ne fut pas entendu. Le peuple se souvenait toujours. Le châtiment se poursuivait.

Et pourquoi se serait-il levé ce prolétariat toujours trompé, toujours victime ! Pour défendre la République ! Mais sa république, à lui, la républi-

---

(1) « Il faut recommencer l'expédition de Rome à l'intérieur, il faut entreprendre contre le socialisme qui nous menace et nous dévore, une campagne comme l'expédition de Rome. En faisant cela, nous ne ferons que continuer la bataille de juin 1848, la campagne que le général Cavaignac a si noblement et si heureusement conduite. » (De Montalembert *Assemblée législative*, 22 mai 1850).

que des ouvriers avait sombré derrière les barricades de juin ! son rouge pavillon avait été déchiré et broyé par les coups de canons envoyés par ceux là même qui, en décembre, réclamaient le concours et l'appui des ouvriers.

Fallait-il se battre, pour assurer le triomphe de cette Assemblée législative qui n'avait cessé un moment de persécuter le socialisme ! de cette Assemblée qui, dans sa rage imbécile contre le peuple, était allée jusqu'à arracher aux vaincus cette souveraineté illusoire et mensongère, la *souveraineté électorale*! De plus habiles et moins furieux réacteurs n'auraient-ils pas laissé au peuple ce droit de suffrage, si vain pour qui ne possède rien, si peu dangereux pour les privilégiés?

Le peuple ne se leva point. Il laissa les partis bourgeois vider seuls leurs querelles. Ah ! c'est qu'on se lasse enfin du métier de dupe ; c'est qu'on ne veut plus un jour — et avec raison — être ceux dont on ne se souvient que pour les inviter à mourir sur une barricade et qu'on fait mitrailler ensuite, au nom de cette même République que leurs fusils ont fait triompher.

Les républicains bourgeois furent vaincus. Le châtiment était complet.

Le prolétariat doit se souvenir toujours.

Qu'il se souvienne qu'en Juin 1848, les diverses fractions de la classe gouvernante et possédante — monarchistes, libéraux, républicains, radicaux — se trouvèrent unies, sur le terrain économique, contre le Quatrième Etat à sa première revendication armée.

L'histoire, la lugubre et sanglante histoire, lui enseigne qu'il n'a point à compter sur d'autres que lui-même pour arriver à son émancipation, qu'il ne doit point confier à d'autres le soin de veiller à ses intérêts et de féconder la Révolution,

Chose triste à penser — les insurgés de juin eussent-ils été vainqueurs que leur victoire n'eût pas eu sans doute de lendemain. C'est que le socialisme, en 1848, n'avait encore rien de précis, rien de déterminé ; les insurgés n'auraient eu aucun programme à appliquer.

Aujourd'hui, grâce aux progrès de la science sociale, pareil écueil peut être évité. Que le prolétariat s'organise, qu'il étudie et rien ne saurait plus arrêter sa marche en avant.

En 1848, le prolétariat égaré par les sophismes d'un socialisme incomplet et rudimentaire s'est battu pour le *Droit au travail* — quelque chose comme le droit de mourir de faim en travaillant pour les autres. Aujourd'hui, mieux avisé, ce prolétariat réclame le *Droit au capital*.

Retour à la collectivité du sol et des instruments de travail ; à chacun la libre disposition du produit intégral de son travail, les charges sociales étant remplies, tel sera le mot d'ordre de la prochaine et inévitable Révolution sociale. Et cette Révolution sera définitive, puisque le peuple organisé saura bien ce qu'il veut et que ce qu'il veut aura reçu la double consécration de la Justice et de la Science.

Travailleurs, n'oubliez pas votre défaite de Juin 1848. — Les défaites se changent bien vite en triomphes quand les vaincus, enfin rendus à la conscience de leurs droits et de leurs intérêts, savent mettre à profit les rudes et terribles leçons qui s'en dégagent.

APPENDICE

Déclaration faite par Nourrit dans la prison des conseils de guerre, le 9 janvier 1849.

« Le 25 juin, je me trouvais à une barricade faisant face à la rue Neuve-Soufflot. Cette barricade était élevée rue Saint-Etienne-des-Grès. Le samedi 24, nous en avions été délogés, mais le 25, nous l'avions reprise. La troupe ouvrit le feu sur nous vers les six heures du matin. Nous répondîmes au feu de la troupe. Manquant de munitions pour pouvoir prolonger la lutte, nous résolumes de fuir; cela nous fut impossible. Nous étions cernés de tous côtés. Le général Bréa avait établi des cordons de troupes au coin de toutes les rues par où nous pouvions nous sauver. Voyant cela nous restâmes tous d'accord de résister jusqu'à la mort. Cette résolution une fois prise, nous attendîmes les soldats commandés par le général Bréa. Mais il faut croire qu'on aimait mieux nous faire prisonniers que lutter avec nous.

«Pour arriver à ce but, voici comment on s'y prit: Des parlementaires appartenant à la garde nationale (11e légion) s'avançaient vers notre barricade en nous disant : « Mes amis, rendez vos armes ; aucun mal ne vous sera fait.» Étant sans munitions comme je l'ai dit plus haut, inutile aurait été de prolonger la lutte plus longtemps. L'avis unanime fut qu'il valait beaucoup mieux rendre nos armes, lesquelles, à cause de notre manque de munitions, se trouvaient inoffensives. Un parlementaire pris parmi nous fut envoyé au général Bréa qui promit de nouveau, qu'en rendant nos armes, nous aurions la vie, sauve et, qui plus est, la liberté de retourner paisiblement chez nous.

« Cette réponse du générale Bréa mit fin à toutes nos hésitations. Nous mîmes toutes nos armes en faisceaux au pied de la barricade. Aussitôt nos armes déposées, la troupe, la garde mobile franchirent notre barricade. Cela fait, chaque bataillon de citoyens-soldats ou de soldats-citoyens, autèrent sur nous, puis nous emmenèrent par dix, quinze ou vingt, derrière le collège Sainte-Barbe, à côté de la bibliothèque Sainte Geneviève. Dans le cul-de-sac formé par le collège et la nouvelle bibliothèque, la troupe et la garde nationale rassemblèrent plus de 80 insurgés, auxquels on avait promis de ne faire aucun mal. Une fois ces insurgés rassemblés, un chef de bataillon du 2e de ligne commanda aux soldats de faire feu. Nos malheureux amis tombèrent sous leurs balles. La rage de la garde mobile et de la troupe était telle qu'une fois la décharge faite, ils lardèrent nos amis de leurs baïonnettes.

« Je me suis échappé avec une vingtaine d'autres. Je me *trouvai réfugié* chez de braves ouvriers que je connais parfaitement. Le mari ayant passé devant le conseil de guerre et ayant été acquitté par les soldats juges, je ne dirai pas son nom. Je pourrais le dire. Il a été témoin de ce que je raconte.

« Ce n'est pas tout. Une fois ce haut fait d'armes accompli, la garde nationale fit des perquisitions dans toutes les maisons voisines de notre barricade pour trouver des insurgés. Un malheureux fut arrêté dans une maison de la rue Saint-Jacques. On l'emmena auprès du général Bréa. Sa malheureuse femme avait suivi la troupe qui emmenait son mari. Quand elle vit le général, elle se jeta à ses pieds pour lui demander la grâce de son mari qui, suivant le témoignage de cette malheureuse, n'avait pris aucune part à l'insurrection. Le général Bréa la rassura : « Votre mari sera chez vous avant vous, lui dit-il, et consolée par ces paroles, la femme du prisonnier voulut retourner à son domicile. Elle s'était à peine éloignée qu'une décharge se fit entendre. On lui rendait le cadavre de son mari.

« Je certifie tout ce que j'annonce et je signe : »

« Nourrit. »

Lacambre. — *Evasion des prisons du conseil de guerre* (Bruxelles, 1865).

FIN

TABLE DES MATIÈRES

	Pages
AVANT-PROPOS.	1
CHAP. Ier. — Le peuple et le gouvernement provisoire.	3
— II. — Les ateliers nationaux.	6
— III. — Le 17 Mars ; le 16 Avril ; le 15 Mai ; Rouen.	10
— IV. — « Il faut en finir ».	15
— V. — La bataille ; première journée.	20
— VI. — La bataille ; deuxième journée.	35
— VII. — La bataille ; troisième journée.	45
— VIII. — La bataille ; quatrième et dernière journée.	51
— IX. — Les calomnies.	59
— X. — La tuerie.	73
— XI. — Les perquisitions ; les arrestations.	99
— XII. — La bourgeoisie fête ses « sauveurs » ; félicitations de l'Assemblée aux vainqueurs.	105
— XIII. — Le décret de transportation sans jugement.	111
— XIV. — Les vainqueurs claquent des dents.	121
— XV. — La curée.	129
— XVI. — Les Commissions militaires ; le départ des transportés.	13
— XVII. — Les Conseils de guerre.	137
— XVIII. — Le bagne ; les transportés ; l'amnistie refusée ; exécution de Daix et de Lahr.	154

— XIX. —	Les responsabilités..........	161
— XX. —	Conclusion..............	167
APPENDICE	....	172

FIN DE LA TABLE

ERRATA

Page 48, ligne 17, lire *se retir*, au lieu de *se retirer*.
— 72, — 2, lire *sommes livré*, au lieu de *sommes livrés*.
— 72, — 5, lire *par*, au lieu de *pour*.
— 106, — 8, lire *près*, au lieu de *plus*.
— 107, — 2, lire *meilleures*, au lieu de *meilleurs*.
— 119, — 24, lire *transportés*, au lieu de *exclus*.

PARIS. — TYP. COLLOMBON ET BRULÉ, R L'ABBAYE, 22.

www.ingramcontent.com/pod-product-compliance
Lightning Source LLC
Chambersburg PA
CBHW070659100426
42735CB00039B/2328